한비자가 들려주는
상과 벌 이야기

한비자가 들려주는

상과 벌 이야기

ⓒ 임옥균, 2006

초판 1쇄 발행일 2006년 7월 21일
초판 22쇄 발행일 2024년 7월 1일

지은이   임옥균
펴낸이   정은영
펴낸곳   (주)자음과모음

출판등록   2001년 11월 28일 제2001-000259호
주소   10881 경기도 파주시 회동길 325-20
전화   편집부 (02)324-2347, 총무부 (02)325-6047
팩스   편집부 (02)324-2348, 총무부 (02)2648-1311
e-mail   jamoteen@jamobook.com

ISBN 978-89-544-1947-5 (64100)

한비자가 들려주는
상과 벌 이야기

임옥균 지음

㈜자음과모음

　일 년에도 몇 차례씩 전쟁이 일어나곤 하던 중국의 전국시대 말기, 기원전 280년에 한(韓)나라에 한비(韓非)라는 사람이 태어났습니다. 우리가 한비자라고 부르는 것은 자(子)라는 말이 선생이라는 의미로도 쓰이므로 '한비 선생'이라고 높여 부르는 것입니다.

　한비가 살아 있을 당시 한나라는 국력이 약하여 여러 나라로부터 시달림을 당했습니다. 특히 이웃 나라인 진나라는 강력한 무력을 바탕으로 천하 통일을 추구하고 있었으므로 이웃 나라인 한나라는 진나라에 대항하지 못하고 진나라의 눈치만 보고 있는 상황이었습니다.

　한비는 순자를 스승으로 모셨습니다. 순자는 성악설을 주장하고 예를 강조했던 유명한 학자이지요. 한비는 말을 더듬었기 때문에 발표는 잘 못했지만, 대신 뛰어난 문장으로 인정을 받았습니다. 이때 함께 공부한 사람으로는 이사(李斯)가 있었습니다. 그는 한비보다 몇 살 아래였는데, 후일에 진나라의 승상이 되었고 우리의 주인공 한비를 죽음으로 몰고 간 장본인이기도 합니다.

한비는 여러 차례 한나라 왕에게 나라를 부유하게 하고 군사를 강하게 할 방법을 제시했으나 받아들여지지 않았습니다. 왕도 그런 의지가 없었고 왕 주위 신하들이 한비의 말에 전혀 귀를 기울이지 않고 오히려 방해했기 때문입니다. 거꾸로 한비의 견해를 듣고 감탄한 것은 이웃 나라 임금인 진시황이었습니다. 여러 경로를 통해 한비의 글들을 읽은 진시황은 "내가 이 사람을 만나 사귈 수 있다면 죽어도 여한이 없겠다"고 말할 정도였습니다. 이사는 이 말을 듣고 한비가 자신과 동창이라고 말했습니다. 진시황은 한비가 사신으로 진나라에 올 수 있도록, 한나라를 공격하라고 명령했습니다. 결국 진나라의 공격을 받아 다급해진 한나라는 한비를 진나라의 사신으로 파견했습니다.

 진나라에서 한비는 진시황에게 자신의 의견이나 견해를 피력하는 유세를 했고, 진시황은 한비의 유세를 적극적으로 받아들이려 하였습니다. 그러나 한비의 친구 이사는 한비가 진나라를 위해 일하지 않고 그의 조국인 한나라를 위해 일할 것이라고 모함하는 등 한비를 죽여야 한다고 진시황을 부추겼습니다.

 진시황은 이사의 간사한 말을 듣고 한비를 옥에 가두도록 하였습니다. 한비는 진시황을 만나 진실을 말하고 싶었으나 이사의 방해로 진시황을 만날 수 없었습니다. 이사는 사람을 시켜 한비에게 독약을 보내어 자살하게 하였습니다. 진시황은 나중에 후회하여 사람을 보내 한비를 돌려 보내려 하였으나 한비는 이미 죽은 뒤였습니다.

《사기》라는 중국의 유명한 역사책을 쓴 사마천은 한비를 이렇게 평가했습니다.

　'한비자는 법률에 의거하여 모든 세상사를 결단하고 시비를 분명하게 하였으나, 너무나 가혹하여 은혜가 부족했다. 나는 다만 한비자가 〈말하기의 어려움〉이라는 글을 짓고도 스스로는 화를 벗어나지 못한 것이 슬플 따름이다.'

　그러나 이렇게 친구 한비를 죽음으로 몰아넣은 이사의 최후도 좋지 못하였습니다. 이사는 진시황이 죽자 내시인 조고와 함께 진시황의 유언을 날조하여 큰아들 부소와 장군 몽염을 자살하게 만들고 막내아들 호해를 2세 황제로 받들었지만, 그 자신도 조고의 모함에 걸려 진나라의 도읍인 셴양(咸陽)의 저잣거리에서 허리를 잘려 죽임을 당하고, 그의 가문에 속하는 사람들도 모두 죽음을 맞이하고 말았던 것입니다. 인과응보라고 할 수 있겠지요.

이상으로 본문에 나오는 한비자의 사상을 이해하는 데 도움이 되도록 그가 살았던 시대와 그의 생애를 간략하게 적어 보았습니다.

아무쪼록 이 책을 읽는 여러분들이 한비자라는 사람과 그의 생각에 대해 조금이라도 더 많이 이해할 수 있기를 바랍니다.

2006년 7월

임옥균

C O N T E N T S

1

두 개의 칼자루

 공과 사의 구분을 분명히 하고 법제를 밝혀서 사사로운 은혜를 버린다.
이것이 밝은 군주의 길이고 정치를 하는 중요한 방법이다.

―한비자

1 대상을 받은 아이디어

"쯧쯧쯧, 어리석은 녀석 같으니라고!"

한비는 공부를 하고 있는 친구 유가에게 다가서며 어깨를 툭 쳤습니다.

"고시 공부한다는 녀석이 어찌 만날 공자 왈 맹자 왈 책이나 꽂아 두고 사냐?"

"그냥 책꽂이에 그대로 둬라!"

"네가 하도 한심해서 그런다, 유가야."

"한심하긴. 나이 어린 철민이 반도 못 따라가는 녀석이……. 어제 보니까 네 조카 철민이는 참 의젓하더라."

한비와 유가는 늘 다투듯이 말을 주고받습니다.

철민이 외삼촌인 한비는 일찍이 조카인 철민이네 집에서 고시 공부를 했습니다. 그러나 열한 번째 시험에서도 낙방을 하자 철민이네 집을 나와 아예 고시원으로 들어왔습니다. 그런데 고시원에는 늙수그레한 터줏대감 유가가 있었고 한비는 곧 그와 친구가 되었습니다.

하지만 둘은 수시로 다투었습니다. 둘 다 큰 꿈을 이루지 못한 자신들의 처지를 위로하며 격려해 주는 관계였지만 항상 마음과는 반대로 표현했습니다. 겉으로는 늘 상대를 무시하고 빈정거리기 일쑤였습니다.

한비가 또 쯧쯧쯧 혀를 차더니 말을 이었습니다.

"유가야, 저기 창밖을 봐라! 새 시대의 어린이들이 힘차게 걸어가잖니. 약동하는 힘을 보라고! 미래의 주인공들을 보라고!"

한비는 창으로 다가가 유리문을 활짝 열어젖힙니다.

아이들 수십 명이 교문을 빠져나와 큰길 쪽으로 걸어가고 있습니다. 해맑은 얼굴에 예쁜 옷을 입은 아이들은 쉴 새 없이 재잘거립니다. 이리저리 뜀박질을 하다 제 마음대로 소리를 치기도 합니다.

'아, 어린이들을 보는 것만으로도 내 가슴이 이렇게 싱그러울 수가!'

한비는 고시원 2층 창문에 턱을 괸 채 줄곧 아이들을 내려다보다가 힐끔 유가를 돌아보고는 말을 이었습니다.

"유가야, 옛날 송나라에 사는 한 농부가 밭일을 나갔단다. 열심히 밭을 갈고 있는데 토끼 한 마리가 달려가는 게 보였어. 그러더니 토끼는 밭 가운데 있는 나무 밑동에 부딪혔지. 그 사고로 토끼는 목이 부러져 죽고 말았단다."

"참, 내! 너처럼 한심한 토끼로구나!"

"그런데 유가야, 생각지도 않게 공짜로 토끼를 얻게 된 농부는 어찌했는지 아니? 그 후 밭 갈던 쟁기를 아예 버려 버렸단다. 그리고 매일 나무 밑동을 지키며 또 다른 토끼가 나타나기를 기다렸지. 그러나 토끼는 다시 나타나지 않았어. 때문에 그 어리석은 농부는 세상 사람들의 비웃음거리가 되었단다. 유가야, 너는 어찌 나무 밑동을 지키는 농부처럼 그렇게 어리석게 살고 있는 거냐?"

"그만해라, 이 토끼 같은 녀석아!"

한비는 다시 창밖을 내려다봅니다. 아이들은 큰길 쪽으로 다 빠져나가 벌써 농협 건물을 지나 플라타너스가 있는 길로 향합니다.

아이들이 선생님의 인솔을 받아 찾아간 곳은 장난감 회사의 한 공장입니다.

아이들은 경비실 옆으로 보이는 큰 강당으로 들어갔습니다. 줄곧 웅성거리면서도 사열 횡대로 줄을 맞추어 섭니다.

이윽고 교장 선생님과 여러 어른들이 안으로 들어섭니다. 그런데 놀랍게도, 신사복으로 차려입은 철민이가 보입니다. 그뿐만이 아닙니다. 철민이가 어른들 사이에 끼여 단상으로 올라가고 있습니다.

"웃겨, 정말!"

"글쎄 말이야. 흥, 철민이가……."

아이들은 킥킥 웃습니다. 시샘이 나는 모양입니다.

"쟤가 왜 저렇게 되었어? 쳇, 의젓한 척하기는!"

아이들은 못 볼 것을 본 것처럼 웅성거립니다. 며칠 전만 해도 대걸레로 피자집 바닥을 닦던 철민이입니다. 그러다 죽 미끄러져 아이들의 웃음거리가 되기도 했었습니다. 그리고 평소 철민이가 입고 다니는 옷 꼴이라니!

하지만 오늘은 매우 다릅니다. 철민이가 스타가 된 것입니다.

"쟤가 아르바이트로 돈을 번 거야?"

아이들은 단상에 앉아 있는 철민이를 쳐다보며 놀라워했습니다.

"에이, 그깟 것으로 무슨 돈을 벌어!"

"얼마 전에는 빈 병도 주우러 다녔어."

"밤이면 아빠 식당 일을 도와주던걸. 행주질도 열심히 하더라고."

담임선생님이 마이크 앞으로 나섰습니다.

"여러분! 잠시 조용히 하세요!"

"네!"

"오늘은 아주 경사스러운 날입니다. 우리 반 철민이가 이 장난감 회사의 명예 공장장이 되었어요. 여러분, 한번쯤은 이 회사에서 만든 장난감을 사 보았을 테지요? 사 보았나요?"

"네!"

아이들이 큰 소리로 대답합니다.

"학교 옆에 있는 이 회사 사장님과 우리 학교 교장 선생님께서 협의를 하셨습니다. 그 결과, 철민이를 이 회사 공장의 명예 공장장으로 임명하기로 했습니다. 아주 놀라운 일이지요?"

"우우……."

"여러분! 바로 저기 보이는 사무실이 철민이의 사무실입니다. 그리고 앞으로는 철민이가 만드는 장난감이 상점에 많이 나올 거예요."

"우우……."

"우우…… 김철민 공장장님이라고요?"

선생님이 손짓으로 아이들을 타이릅니다.

"조용히들 하세요!"

이번에는 턱에 까만 수염이 많이 나 있는 회사 사장이 마이크를 잡습니다.

"여러분! 반갑습니다. 우리 회사에서는 지금껏 여러분이 좋아할 만한 장난감을 많이 만들어 왔습니다. 그러던 중 얼마 전에 장난감 아이디어를 공개 모집한 적이 있습니다. 그때 김철민 친구가 공모한 아이디어가 영예의 대상을 받았습니다. 여러분, 이것 아시죠?"

털보 사장이 주머니에서 '복싱 거북이'를 꺼냈습니다. 거북이 두 마리가 탁자 위에 놓였습니다. 둘이 복싱을 시작했는데, 움직이면 움직일수록 몸통에서 불빛이 강하게 발산됩니다.

"와우…… 저 복싱 거북이 저도 샀어요!"

"참 재미있어요!"

아이들이 왁자지껄 소리를 내자 털보 사장이 흐뭇하게 웃습니다.

"여러분들, 이 장난감 좋아하지요?"

"네!"

"바로 이 복싱 거북이가 김철민 명예 공장장의 아이디어에서 나왔습니다."

털보 사장은 아이들을 죽 둘러보며 말을 이었습니다.

"제가 보아하니 김철민 공장장은 참 성실합니다. 믿음직스럽고 성실하며 노력을 많이 합니다. 아이디어도 참 좋고요."

"학교 공부는 별로예요!"

아이들 중 누군가가 이런 소리를 내자 웃음소리가 킥킥 터져 나왔습니다.

"아, 그런가요? 그런데 학교 성적은 상관없어요. 우리 인생에서 공부가 다는 아니잖습니까? 앞으로 잘 지켜보세요. 우리 김철민 공장장은 이 공장에서 많은 장난감을 개발해 내어 판매에도 큰 도움을 줄 테니까요. 그러니 여러 친구들이 우리 철민 군을 많이 응

원해 주세요. 여러분! 우리 김
철민 공장장에게 격려의 박수
를 한번 보내 주는 것이 어떨까
요. 장차 훌륭한 사업가로서의
비전을 여러분에게 보여 줄 것
입니다."

"와⋯⋯."

단상 의자에 앉아 있던 철민이
가 공손히 일어나 허리를 꾸벅
숙이며 인사를 하자 아이들이
마지못해 박수를 칩니다.

이윽고 흰 모자를 쓴 아주머니
들이 행사장으로 뷔페 음식을
밀고 들어옵니다. 아이들의 시
선이 일제히 그곳으로 향했습

니다.

"자, 질서 있게! 질서를 잘 지켜야 맛있는 음식을 많이 먹을 수 있어요."

아이들은 선생님의 지시에 따라 줄을 맞추어 섭니다. 접시와 수저가 들어오자 너도나도 그리로 몰려갑니다.

아이들은 뷔페 음식을 먹으며 이야기를 멈추지 않습니다.

"요즘은 애들도 사장이나 공장장이 될 수 있나 봐. 나도 하고 싶어."

갑작스럽게 스타가 된 철민이가 매우 부러운 모양입니다.

"장난감 만드는 건 나도 할 수 있다고. 그까짓 것!"

"저 털보 사장님 말씀이 맞아. 왜냐? 우리들을 위한 장난감이니 우리들이 더 잘 만들 수 있잖아. 눈높이에 맞으니까."

"나도 조만간 철민이처럼 될 거야. 두고 봐."

초등학생이 장난감 회사 공장장이 되었다는 건 큰 뉴스감이었습니다. 때문에 신문 기자들이 철민이에게 몰려와 이것저것 물어보

기 바쁩니다.

"이 모든 게 교장 선생님 덕분이에요."

철민이가 겨우 감사의 말을 전하자 신문 기자들은 교장 선생님에게도 마이크를 내밉니다.

교장 선생님이 근엄하게 말씀하십니다.

"어린 학생들에게 자기만의 소질과 적성을 계발시켜 줄 필요가 있어요. 그냥 의무적으로 학교에 와 열심히 공부하는 것도 중요하겠지요. 하지만 늘 깨어 있는 생각으로 아이들에게 새로운 비전을 제시해야 합니다. 다행히 우리 학교 옆에 장난감 회사가 있는 관계로 이런 특별한 일이 벌어진 것이지요. 두고 보세요. 이 김철민 공장장이 조만간 큰일을 해 낼 테니까요. 허허허……."

김철민 공장장 취임식은 성황리에 끝났습니다. 아이들은 뷔페 음식을 먹기 바빴고 선생님들은 이 특별한 일에 대해 기쁨을 감추지 못하고 이야기를 나눕니다.

"철민아, 너 앞으로 잘해야 한다!"

"네."

"김철민 공장장 파이팅이다!"

"네, 감사합니다."

철민이는 처음부터 끝까지 별다른 말이 없었습니다. 그저 조용히 공장의 이곳저곳을 살피며 다닙니다. 자기에게 주어진 아주 특별한 기회! 철민이로서는 이 기회를 잘 활용해 멋지고도 놀랄 만한 성과를 보여 주어야 한다고 생각합니다. 새삼 어깨가 참 무겁다는 걸 실감합니다.

2 공장장으로서의 첫날

다음 날, 2시에 학교 공부가 끝났습니다. 철민이는 책가방을 든 채 장난감 공장으로 향합니다. 다른 아이들이 공장 정문까지 따라오며 부러운 눈으로 쳐다보았지만 모른 체했습니다.

넓은 사무실에는 회전의자, 그리고 장난감 실험을 위한 탁자가 놓여 있습니다.

공장장 철민이는 거울 앞에 섰습니다. 애써 근엄한 표정을 지어 보입니다. 어른들 흉내 내기가 그렇게 어렵지만은 않습니다.

털보 사장님은 주로 서울 본사에 근무하고 계시기 때문에 이 공장에서는 철민이가 대장입니다. 외삼촌 한비가 자주 쓰는 '왕'이었고 '임금'이기도 했습니다.

'내가 이 공장의 왕이라니…… 허! 하하하.'

철민이는 혼자 거울을 보며 실컷 웃습니다.

'자, 이제 일을 시작하자!'

철민이는 의자에 앉아 서류를 뒤적입니다. 그러다 실험용 탁자에 놓여 있는 장난감들을 만지며 이런 생각도 합니다.

'그냥 학교 공부를 하면서 아빠 식당 일이나 도와드릴걸.'

앞으로 공장 일을 잘 못하면 어떻게 될까를 생각하니 덜컥 겁이 났습니다. 후회가 되기도 했습니다.

'에이, 기왕 이렇게 되었으니 열심히 해야지. 내가 우리 공장을 세계에서 제일 큰 장난감 공장으로 만드는 거야. 난 할 수 있어.'

철민이는 창문을 열고 아래층 공장 건물을 내려다봅니다. 하지만 불안한 마음은 떨쳐지지 않았습니다.

철민이는 다시 의자에 앉습니다. 집에서 만들어 온 '야광 통통배'를 하나씩 분해합니다. 그리곤 다시 부품을 하나씩 결합시킵니다. 아무래도 새로운 아이디어를 덧붙여야 할 듯했습니다. 하지만 아무리 머리를 쥐어짜 내도 새로운 아이디어가 쉽게 떠오르지 않습니다.

그때 문이 살그머니 열리더니 박씨 아저씨가 정중하게 들어섭니다.

"아, 아저씨! 어서 오세요."

"아닙니다. 이제부터는 저를 박 과장이라 불러 주세요."

"박 과장? 에이, 아저씨잖아요."

철민이는 장난스럽게 말합니다. 하지만 박씨 아저씨는 철민이에게 황송할 정도로 정중하게 고개를 숙입니다.

"공장장님 부탁입니다. 회사에서는 공적인 일과 사적인 일을 구분하셔야 합니다. 그러니까 사적으로는 제가 감나무집 아저씨지요?"

"네."

"그런데 공적으로는 생산부의 박 과장입니다. 아시겠습니까, 공장장님!"

"네, 으흠."

무슨 말인지 눈치를 챈 철민이는 마치 어른처럼 헛기침을 합니다.

"압니다, 알아요. 처음이라 어색해서 그랬습니다."

"저도 사실 아들뻘 되는 사람에게 공장장님이라 부르는 게 처음이라…… 어흠."

쑥스럽기는 서로 마찬가지입니다.

"네, 그런데 박 과장님! 무슨 일로 오셨나요?"

철민이는 의자에 점잖게 앉아 박 과장을 올려다봅니다.

"일할 사람이 더 필요해서요."

"어느 곳에서요?"

"공장입니다. 다 만든 장난감을 포장하는 일인데요. 단순 노동을 할 수 있는 직원을 두 사람 정도 더 채용해 주십시오."

그 말에 철민이는 밝게 웃으며 얼른 몸을 일으켰어요.

"아, 그래요? 잘됐네요! 만홧가게 아주머니가 저에게 취직시켜 달라고 부탁한 적이 있습니다. 우리 아파트 경비원 아저씨도 이 공장에서 일하고 싶다고 하셨고요."

"괜찮을까요?"

박 과장은 머리를 긁적입니다.

"뭐가요?"

"직원을 뽑을 땐 그 사람이 일을 잘할 수 있는지, 문제를 일으킬

소지는 없는지를 잘 살펴보아야 합니다. 같은 동네에 산다고 그냥 뽑는 게 아니라……."

"아, 그렇겠군요."

철민이는 의자에 다시 털썩 주저앉았습니다. 의자를 돌리고는 아주머니와 아저씨에 대해 신중히 떠올려 봅니다. 아무래도 괜찮을 듯싶습니다.

"그럼 제가 내일 그분들을 박 과장님께 보내 드릴게요. 그러면 박 과장님이 한번 잘 살펴봐 주세요. 직원으로 채용해도 좋을지 여부를 판단해 주세요."

"네, 그럼 저에게 보내 주십시오."

박 과장은 허리를 굽혀 인사를 하고는 문을 나섭니다.

철민이는 다시 실험용 탁자 쪽으로 옮겨 앉습니다. 장난감 신제품 아이디어를 공책에 적어 나갔습니다.

그런데 닫혔던 문이 다시 스르르 열립니다.

"어이, 철민아!"

외삼촌 한비입니다.

"외삼촌 웬일이세요?"

"아니, 네가 여기 공장장이 되었다는데 내가 당연히 와 봐야지.

이것 받아라."

한비는 꽃바구니를 철민이에게 건네줍니다. 그리고 사무실 안을 이리저리 살핍니다.

"그런데 어젠 왜 나를 안 불렀냐? 내가 사람들 앞에서 마이크를 잡고 인사말을 멋지게 했어야 했는데……."

한비는 무척 서운한 표정을 지었습니다.

"외삼촌은 시험이 얼마 안 남았다고 엄마가 말씀하셔서요. 공부 하시느라 바쁘시잖아요."

"에이, 공부는 공부고 내 조카 철민이가 이 회사 명예 공장장이 되었다는데 내가 참석하지 않아서야 쓰겠냐, 안 그래?"

"그래도 이번 시험엔 꼭 합격해야 하잖아요. 이번이 열두 번째 인데."

"쉿!"

한비는 입에 손가락을 세우며 주위를 살펴봅니다.

"왜요?"

"아무도 들은 사람 없냐?"

"히히, 그러니까 이번에는 꼭 시험에 합격하셔야죠."

"쩝…… 그렇지. 고시에 열한 번씩이나 떨어지다니 면목이 없다. 네 말대로 이번에는 꼭 합격해야지."

"그럼 어서 고시원으로 가서 공부하세요."

철민의 말에 한비는 섭섭한 표정으로 힘없이 일어섭니다. 그러다 창문 너머의 해를 발견하고는 갑자기 두 주먹을 불끈 쥡니다. 얼굴이 자못 심각해집니다.

"충성!"

한비는 태양을 향해 거수경례를 올려붙이더니 그 상태에서 오래도록 움직이질 않습니다.

이윽고 한비 삼촌은 몸을 돌리더니 표정을 바꾸어 철민에게 헤헤 웃어 보입니다.

"헤헤헤…… 하지만 철민아! 네가 여기 공장장이지 않냐?"

"그래서요?"

"그렇다면 이 법치주의자인 내가 너로 하여금 이 공장을 훌륭하게 경영하게끔 그 방법을 전해 주어야 한단 말이지. 그동안 내가 갈고닦은 실력이 있잖니."

한비는 소파에 다시 앉으며 으쓱거립니다.

"생각해 봐라. 네가 이 공장 경영을 조금이라도 잘못해 봐라. 본사 사장님한테 강아지 내쫓기듯 쫓겨날 거야. 그러면 안 되겠지?"

"네, 그러면 안 되니까 외삼촌이 저를 많이 도와주세요."

한비는 그제야 만족스러운 표정을 지으며 일어섭니다.

"이래 봬도 나는 12년이란 세월 동안 눈이 오나 비가 오나 오로지 법률만 갈고닦은 실력자잖니. 그래서 이제부터 너와 이 장난감 공장의 발전을 위해 도움이 될 수 있는 무언가를 해 볼 생각이란다."

"고마워요, 외삼촌."

"그래그래. 오늘은 이쯤하고 하던 공부를 좀 마무리하고 오마."

한비는 문을 열고 나가려다 다시 발걸음을 돌리더니 철민의 어깨를 툭 칩니다.

"철민아, 너 돈 좀 있냐? 좀 빌려다오."

"네, 여기 있어요."

철민이가 주머니에서 돈을 꺼내 줍니다.

"그래그래. 그런데 왜 3만 원뿐이냐? 좋다. 내 고시원으로 얼른 가마."

"그렇게 하세요."

"포장마차에 잠깐 들렀다가 말이다. 하하하!"

한비는 돈을 주머니에 넣고는 휘파람을 불며 나갔습니다.

3 땀을 닦는 외삼촌 한비

학교 공부를 하랴, 공장장 일을 하랴, 철민이는 매우 바쁩니다.
하루하루 바쁜 일정 속에서 한 달이 훌쩍 지나갔습니다.

'오호, 이렇게 잘될 수가!'

그동안 철민이의 기발한 아이디어와 열심히 일하는 직원들로 인
해 공장은 나날이 발전을 거듭했습니다.

서류를 뒤적이는 철민에게 어느 날 전화가 한 통 걸려 옵니다.
본사에 근무하는 털보 사장의 전화입니다.

"김철민 공장장! 그동안 공장 경영을 아주 잘했어."

"네, 네. 모두 사장님 덕분입니다."

철민이는 연신 고개를 숙이며 기뻐합니다.

"내가 아무래도 공장장을 잘 뽑은 모양이야. 어린이를 공장장으로 삼고 나서 우리 회사가 전국적으로 유명해졌거든. 그리고 신제품이 출시될 때마다 인기가 치솟고 있으니 이보다 더 기쁜 일이 어디 있겠나?"

"더 열심히 하겠습니다."

"그래그래, 앞으로도 난 김철민 공장장만 믿는다고."

철민이는 수화기를 내려놓고 '휴……' 하고 안도의 숨을 내쉽니다. 털보 사장의 말대로 한 달간 정말 놀랄 만한 경영 실적을 올린 철민입니다.

철민이는 창문 너머 해를 바라보며 두 주먹을 불끈 쥡니다. 그러곤 외삼촌 한비를 흉내 내어 해에게 거수경례를 붙입니다.

"충성!"

문이 열렸습니다. 박 과장이 들어오더니 꾸벅 인사를 합니다.

"공장장님, 시상 계획서입니다."

철민이는 서류를 받아 듭니다. 직원들의 근무 성적이 빼곡히 적혀 있는데, 그중 이 주임의 점수가 제일 높았습니다.

"지금껏 직원들 일하는 걸 자주 보았는데, 제가 보기에도 이 주임님이 제일 맘에 들었어요. 역시 이 주임님에게 상을 주어야겠네요."

"네, 첫 번째 상이니만큼 세탁기 정도로 해야겠습니다."

"세탁기는 준비되었어요?"

"네, 곧 보내 달라고 하겠습니다."

"그럼 오늘 저녁 근무 끝날 때 상을 주기로 해요."

"네, 차질 없도록 진행하겠습니다."

박 과장이 사무실을 나갔습니다.

다시 전화가 걸려 옵니다. 이번에는 엄마입니다.

"철민이냐! 네 외삼촌은 공부하라고 매일 고시원에 붙들어 두고 있으니 너는 아무 걱정 말고 회사 일이나 열심히 잘하거라."

"네, 알겠어요."

"외삼촌에게 용돈 빼앗기지 말고."

"네, 그럴게요."

철민이는 한비를 떠올리며 빙그레 웃습니다. 언제나 호탕하고 꿈이 큰 외삼촌을 철민이는 매우 좋아합니다. 엉뚱하긴 해도 재미있고 선한 사람이랍니다. 이런저런 생각을 하며 철민은 실험용 탁자로 자리를 옮겨 앉습니다. 장난감 신제품 실험에 한번 빠져들면 시간 가는 줄 모릅니다.

이윽고 저녁때가 되었습니다. 공장 강당에 직원들이 하나 둘씩 모여듭니다.

"자, 빨리 빨리요."

박 과장의 지시대로 직원들이 줄을 맞추어 섭니다. 잠시 후, 전자 대리점 사람들이 나타나 세탁기를 단상 앞으로 옮겨 놓습니다.

철민이가 앞으로 나가 마이크를 잡습니다. 그런데 이때 강당으로 헐레벌떡 뛰어 들어오는 사람이 있었습니다. 바로, 한비입니다.

"잠깐!"

"아니, 외삼촌!"

"잠깐, 철민아! 내 말 좀 들어 봐."

박 과장이 눈살을 찌푸리더니 한비를 가로막습니다.

"부탁인데요, 이런 자리에서 우리 공장장님 이름을 함부로 부르지 마십시오."

한비는 기분 나쁜 표정을 지어 보입니다.

"실례지만…… 당신은 누구십니까?"

"저는 박 과장이라고 합니다."

"저는 철민이의 외삼촌 되는 사람입니다."

그러나 박 과장은 꿈쩍도 하지 않습니다.

"아무리 그렇다 치더라도 말이죠. 직원들이 모두 있는 자리에서 공장장님 이름을 함부로 부르면 어쩝니까?"

"이런! 이런!"

한비는 다소 못마땅한 표정을 지으며 철민에게 다가갑니다.

"좋다, 이제부터는 너를 공장장님이라 부르마."

"괜찮아요, 외삼촌. 그냥 철민이라 부르세요."

"아니다. 너는 이 큰 공장의 최고 지휘자이니만큼 내가 예우를 해 줘야지."

한비는 헛기침을 하고는 철민이에게 깍듯한 자세를 취합니다.

"공장장님!"

"네."

"제가 오죽 급했으면 고시 공부를 하다 말고 이렇게 헐레벌떡 뛰어왔겠습니까? 아, 조카 녀석에게 존댓말 쓰기가 좀 그러네!"

"외삼촌, 그냥 반말로 하세요."

"아닙니다, 공장장님. 제가 잠깐 직원들에게 할 말이 있는데 허락해 주시겠습니까?"

철민이는 고개를 끄덕입니다. 한비는 박 과장 눈치를 슬쩍 보더니 시상대를 옆으로 밀어 버립니다. 그리고 마이크를 잡고 직원들을 죽 훑어봅니다.

잠시 후 한비는 직원들을 향해 말문을 열었습니다.

"여러분!"

한비의 목소리와 표정은 자못 심각합니다. 심지어 손수건을 꺼내 땀까지 닦습니다. 아마 급하게 뛰어온 모양입니다.

"여러분, 저는 고시 공부를 12년 동안 한 사람입니다. 이 자리를 빌려 여러분에게 법가에서 말하는 이치에 대해 말씀드릴까 합니다. 특히 오늘 상을 받으시는 분은 귀담아 들으시면 좋겠습니다."

앞자리에 서 있던 이 주임이 쑥스러워하며 고개를 끄덕입니다.

한비가 말을 이었습니다.

"상을 받게 되신다니 참으로 축하드립니다. 제가 공부하고 있는 법가 사상에서도 상 제도를 무척 중요시하고 있습니다. 옛날이야기를 해 볼까요? 중국 위나라에 '오기'라는 장군이 있었습니다."

"오기가 사람 이름인가요?"

"네, 그렇죠. 오기라는 이름을 가진 장군은 장차 진나라를 칠 계획을 세웠습니다. 그래서 북쪽 성문에 막대기 하나를 세우고는 이

렇게 말했어요. '이것을 남쪽 성문으로 옮기는 사
람에게 좋은 농토와 집을 주겠다.' 처음
에는 아무도 옮기는 사람이 없었어요.
그까짓 일을 한다고 그렇게 큰 상을 준
다는 것이 믿어지지 않았기 때문입니다.
그런데 얼마 있다가 한 사람이 나섰어요.

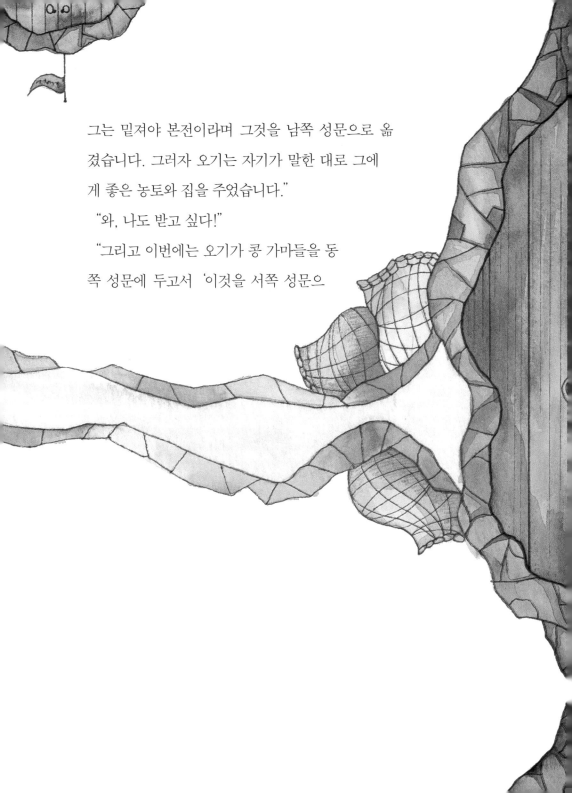

그는 밑져야 본전이라며 그것을 남쪽 성문으로 옮
겼습니다. 그러자 오기는 자기가 말한 대로 그에
게 좋은 농토와 집을 주었습니다."

"와, 나도 받고 싶다!"

"그리고 이번에는 오기가 콩 가마들을 동
쪽 성문에 두고서 '이것을 서쪽 성문으

로 옮기는 사람에게 좋은 농토와 집을 주겠다' 라고 했습니다. 이번에는 사람들이 앞 다투어 콩 가마를 옮겼습니다. 오기는 약속대로 분명하게 상을 주었습니다. 그런 다음 오기는 마침내 명령을 내렸습니다. '내일 진나라를 공격할 것이다! 그때 맨 먼저 성벽에 오르는 자에게 높은 벼슬을 주고 좋은 집과 농토를 주겠노라!' 라고요. 이에 사람들은 어떻게 행동했을까요? 사람들은 모두 오기의 말을 완전히 믿었습니다. 그러기에 전쟁이 벌어지자마자 앞 다투어 성벽으로 올라갔습니다. 그래서 하루아침에 진나라의 성을 함락시킬 수 있었습니다."

"와!"

"상이란 이렇게 큰 힘을 발휘합니다."

직원 하나가 생수가 담긴 컵을 갖다 주자 한비는 벌컥벌컥 들이 켭니다.

한비는 다시 사람들을 죽 둘러보며 말합니다.

"옛날 중국에서의 일입니다. 진나라의 왕 문공이 '호언' 이라는 신하에게 말했습니다. '나는 세금을 줄이고 형벌을 너그럽게 했으며, 가난하고 부족한 자에게 마음껏 베풀어 주었노라. 이로써 백성으로 하여금 전쟁터에 나가 싸우게 할 수 있겠는가?' 라고 말이죠. 호언은 그 말을 듣고 이렇게 대답했습니다."

한비의 계속되는 말에 직원 하나가 소리치듯 말했습니다. 매부리코 남자입니다.

"이보세요? 여기는 전쟁터가 아니라 회사입니다. 장난감 만드는 공장이란 말입니다."

그러자 한비는 물을 한 컵 더 마시고는 대답했습니다.

"저는 상과 벌을 통해 사람과 조직을 관리하는 이치에 대해 말하고 있습니다. 이런 원리대로라면 전쟁터든 회사 공장이든 마찬가지입니다."

하지만 매부리코 남자는 불평을 멈추지 않습니다.

"다 좋다 이거요. 그런데 우리는 지금 하루 일을 끝내고 퇴근할 시간입니다. 이렇게 자꾸 시간을 끌면 어쩌란 말입니까."

"이봐요! 내가 중요한 이야기를 하고 있지 않습니까?"

"이젠 이 주임님에게 상이나 주고 우리는 퇴근하자고요."

"옳소! 옳소!"

다른 직원들도 일제히 불평을 터뜨리며 웅성거리기 시작했습니다.

한비는 불쾌한 표정을 애써 감추고는 하던 이야기를 계속했습니다.

"여러분, 조금 더 들어 보세요. 호언이 왕 문공에게 반론을 제기했습니다. '부족합니다. 세금을 줄이고 형벌을 약하게 하는 것은 백성들을 풍요롭게 살아가도록 만들어 주는 일입니다. 그러나 전쟁터에 나가 싸우게 한다는 것은 백성들을 죽이는 일이기도 합니다.' 라고요. 여러분 그렇지 않습니까? 전쟁에서 비록 승리하더라도 우리 쪽 군사들 역시 많이 죽을 테니까요."

"참 내, 우리는 언제 퇴근하는 거야!"

"잘 들어 보세요! 호언이 문공에게 계속 말했습니다. '그러므로 상을 줄 사람에게는 반드시 상을 주십시오. 그리고 벌을 줄 사람에게는 반드시 벌을 주어야 합니다. 벌을 줄 땐 철저하고 냉혹하게 벌을 주어야 합니다. 그래야 백성으로 하여금 언제든 전쟁터에 나가 피 흘리며 싸우게 할 수 있습니다.' 라고요. 이게 무슨 뜻인지 아시나요?"

"모릅니다!"

"상보다 벌이 더 큰 힘을 발휘한다는 뜻입니다. 따라서 이 회사의 발전을 위해 이 주임에게 상을 주는 것도 필요합니다. 하지만 저 매부리코에게 벌을 주는 게 더 중요하다 이 말씀입니다!"

한비는 그야말로 소리를 빽 질렀습니다.

"뭐요?"

매부리코 남자가 앞으로 나서며 발끈합니다. 그러나 한비는 더 감정 섞인 목소리를 쏟아 냅니다.

"이 회사의 탄탄한 발전을 위해서라면? 분명합니다! 당신 같은 사람은 당장 쫓아내야 한다고!"

"이봐요! 당신이 뭔데 그런 소리를 하는 거야?"

급기야 싸움이 벌어지고 맙니다. 철민이와 박 과장이 뜯어말렸지만 소용없었습니다. 서로 주먹질이 오가더니 기어이 한비의 코에서 피가 흘러 내립니다.

"이런! 외삼촌, 제발!"

철민과 박 과장은 한비를 붙잡아 강당에서 끌고 나옵니다.

"어서 얼굴을 들고 이 수건으로 코피를 닦으세요!"

철민이는 간신히 한비를 끌고 2층으로 올라가 사무실 소파에 뉘었습니다. 그러나 한비는 화를 못 참겠다는 듯 자꾸 일어나려고 합니다.

"그냥 누워 있어요, 삼촌! 엄마한테 이르기 전에."

"뭐?"

한비는 깜짝 놀랍니다.

"철민아, 제발 엄마한테 이 이야기는 하지 마라. 나 밥도 못 얻어 먹으니."

철민이는 사정하다시피 하는 한비가 안쓰러워집니다.

"알았어요. 그러니 외삼촌은 여기 계속 누워 있어요. 우선 코피부터 멈추게 해야 하니까요."

"그래그래."

한비가 이제야 얌전해집니다.

4 인재를 채용할 땐

여름방학이 시작되자마자 철민이가 개발한 물놀이용 튜브 세트가 불티나게 팔려 나갔습니다. 특수 비닐로 만든 것인데, 감촉이 부드럽고 포근해 인기가 좋습니다. 디자인도 무척 상큼합니다. 그래서인지 아이들이 너도나도 구입해 가느라 정신이 없습니다.

철민이에겐 하루하루가 너무 바쁩니다.

'어휴, 나는 물놀이도 못 가고…….'

다른 친구들은 모두 휴양지로 떠나갔습니다. 하지만 철민이는 이제부터 가을용 신상품을 개발해야 합니다.

철민이는 수시로 간부 직원들과 회의를 가졌습니다. 아이디어 검토 작업에 하루를 꼬박 보내기도 합니다.

식사 시간이 되자 철민이는 식당으로 내려갔습니다. 식당 아주머니가 음식을 차려 줍니다. 오늘따라 반찬이 유난히 많습니다.

"저…… 공장장님!"

"네."

식당 아주머니는 조심스럽게 말을 꺼냅니다.

"사무실 경리 담당 직원으로 누구를 채용하실 건가요?"

"아, 네! 저번에 아주머니께서 소개시켜 주셨잖아요."

그런데 식당에 먼저 내려와 있던 박 과장이 손을 저으며 다가옵니다.

"아주머니, 그 아가씨는 경리 담당 직원으로 안 된다고 했잖아요."

"아니, 왜요?"

아주머니는 박 과장에게 많이 토라진 모양입니다.

"그러지 마시고 식당 일이나 잘하세요."

"아니, 제 동생이 어디가 어떻다고 무조건 안 된다는 거예요?"

"에이, 오늘이나 내일 공개 채용 안내문을 신문에 낼 겁니다."

철민이는 어쩔 줄 몰라 했지만 박 과장은 자못 단호했습니다.

아주머니가 주위의 눈치를 보더니 철민이에게 다가와 앉습니다.

"공장장님도 제 동생이 괜찮다고 하셨잖아요. 입사 지원서를 보시고는 데려오라 하셨잖아요. 그런데 박 과장님이 개인적인 감정을 갖고 자꾸 반대하고 있습니다. 직원을 뽑을 때 이러면 안 되잖아요."

박 과장이 가만있질 않습니다.

"아주머니는 식당 일이나 잘하시라고요! 회사 직원 채용하는 데왜 아주머니가 나서서 청탁을 하는 겁니까? 이렇게 하면 회사 일이 잘되겠습니까? 제발 그만두시라고요!"

박 과장의 큰 소리에 아주머니는 움찔합니다. 결국 툴툴거리며 주방 쪽으로 가 버립니다.

철민이는 밥을 먹으며 골똘히 생각했지만 달리 방법이 없어 보입니다.

그런데 식당 아주머니가 마침 철민이를 찾아온 한비의 손을 잡아끌며 다가옵니다. 상황을 전해 들은 한비는 철민이에게 다가앉았습니다.

아주머니는 한비 앞에 맛있는 음식을 차려 놓기 바쁩니다. 물 컵을 세 개나 갖다 놓습니다.

"공장장님, 옛날 진나라의 왕 '평공'이 신하인 '조무'에게 이렇게 말했습니다."

"외삼촌, 저에게 그냥 말 놓으세요."

"아닙니다. 이건 참으로 공적인 일이라……."

한비는 컵에 든 물을 벌컥벌컥 마시고는 말을 이었습니다.

"평공이 조무에게 말했습니다. '중모 땅의 현령으로 누가 좋겠는가?' 조무가 대답했습니다. '형백자가 좋겠습니다.' 그 말에 평공은 놀라서 '형백자는 그대의 원수가 아닌가?'라고 물었습니다. 조무가 대답했습니다. '저는 사사로운 감정을 공적인 일에 끌어들일 수 없습니다'라고요. 평공이 또 '그럼 중부 땅의 현령으로는 누가 좋겠는가?'라고 물었습니다. 이번에는 조무가 '그곳 현령으로는 제 아들이 적임자입니다'라고 대답했습니다. 그러므로 공장장님!"

"말씀하세요."

"인재를 뽑을 때는 원수를 가리지 말아야 하고 또 자기 자식이라고 해서 배척하지도 말아야 합니다."

"아, 네."

"또 한 가지 말씀드리죠. 옛날에 '해호'라는 사람은 원수지간인 사람을 애써 재상으로 추천했습니다. 그러자 그 사람은 해호가 자기를 용서했기 때문이라고 생각했습니다. 그래서 감사의 인사를 하려고 해호의 집으로 찾아갔습니다. 그런데 이게 웬일입니까? 해호는 그에게 활을 당겨 쏘면서 말했습니다. '내가 너를 추천한 것은 공적인 일로, 네가 그 일을 하는 데 있어 적임자라고 생각했기 때문이다. 그리고 내가 너를 원수로 대하는 것은 나의 사적인 원한이다. 말하자면, 내가 사적인 원한을 가지고 있다 하여 그대를 재상으로 추천하는 일을 꺼리지 않았을 뿐이다'라고요."

"아, 대단한 사람이네요."

"사사로운 감정을 공적인 일에 끌어들이지 말아야 한다는 뜻입니다. 그런데 이게 뭡니까?"

한비는 얼굴을 돌려 박 과장을 쏘아봅니다.

"그런데 박 과장님은 개인적인 사사로운 감정을 앞세워 인재 추천을 고의로 막고 있지 않습니까?"

"뭐라고요?"

밥을 먹던 박 과장이 발끈합니다.

"이봐요! 저는 경리 담당 직원을 공개로 채용하자고 했어요!"

"거짓말 말아요! 지난번에 당신도 식당 아주머니의 동생을 채용하겠다고 했었다면서요. 그런데 얼마 전부터 식당 아주머니와 사이가 안 좋아지니까 일방적으로 반대하고 있는 것 아닙니까. 이럴 수 있습니까?"

"제가 알아보니 그 사람은 경리 담당 직원으로서 능력이 없어요."

"이런! 핑계로밖에 안 들리는군요."

"허, 이 사람이 말을 함부로 하네!"

"이 사람이라니! 공장장 외삼촌인 나에게 이 사람이라니!"

한비와 박 과장 사이가 험악해졌습니다.

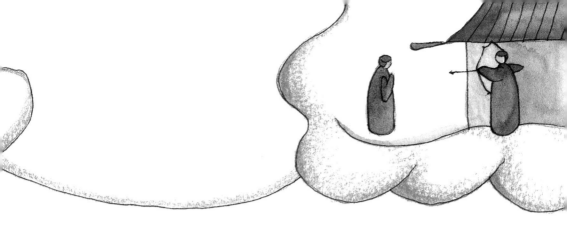

"당신같이 무례한 사람은 내가 가만둘 수 없어!"

"그건 내가 할 소리야!"

급기야 한비와 박 과장은 서로의 멱살을 움켜쥐고 흔들어 댑니다. 철민과 다른 직원들이 뜯어말렸지만 소용없습니다.

와당탕거리더니 반찬들과 국그릇이 바닥으로 떨어졌습니다.

"그러지 말아요!"

한비와 박 과장은 여전히 멱살을 움켜쥐고 실랑이를 벌였습니다.

"한비! 너 여기서 뭐하는 거니!"

때마침 철민이 엄마의 호통 소리가 식당 안을 울립니다.

한비가 제일 무서워하는 사람인 철민이 엄마가 공장에 들렀다가 이 광경을 보고 만 것입니다.

이렇게 해서 싸움은 일단락됐지만 철민이의 머릿속은 아직도 복잡합니다.

상과 벌이라는 두 개의 칼자루

　한비자는 주로 임금을 상대로 말을 하고 글을 썼기 때문에 논리적으로 말을 이어 가기보다는 이야기를 통해 임금의 마음을 감동시키는 방법으로 왕의 행동을 이끌어 냈습니다. 설명하는 식으로 말하면 임금의 관심을 끌기도 어렵고 설득하기도 어렵다고 생각했기 때문이지요. 따라서 그의 저서 《한비자》에는 수많은 이야기들이 등장하고, 사람들은 《한비자》를 '이야기의 보고' 라고 부르기도 합니다. 철학 돋보기에서도 이러한 한비자의 설득 방식을 본받아, 이야기를 등장시키는 형식으로 그의 사상과 철학을 전개해 보도록 하겠습니다.

　하나의 칼을 놓고 두 사람이 서로 차지하려고 다툰다고 할 때, 칼날을 쥔 사람보다는 칼자루를 쥔 사람이 훨씬 유리하겠지요. 그래서 칼자루란 어떤 사물에서 중요한 부분을 비유적으로 나타내는 것입니다. 한비자가 말하는 두 개의 칼자루는 임금이 정치를 하는 데 사용하는 가장 중요한 것 두 가지라는 말입니다. 한비자에 의하면 그것은 상과 벌입니다. 한비자는 다음과 같이 말하고 있습니다.

현명한 임금이 신하를 제어하는 방법은 두 개의 칼자루를 쥐는 것입니다. 두 개의 칼자루란 상과 벌입니다. 신하는 상 받는 것을 좋아하고 벌 받는 것을 두려워합니다. 임금은 상과 벌을 직접 자신이 주어야 합니다. 만일 상과 벌을 내리는 일을 신하에게 맡긴다면 백성들은 그 신하를 좋아하거나 두려워할 것입니다.

이야기 하나: 호랑이와 개

호랑이가 개를 굴복시킬 수 있는 까닭은 발톱과 어금니를 가졌기 때문입니다. 만일 호랑이가 발톱과 어금니를 버리고 개로 하여금 그것을 쓰도록 한다면, 호랑이가 도리어 개에게 굴복당할 것입니다.

마찬가지로 임금이 상과 벌을 버리고 신하로 하여금 그것을 쓰게 한다면, 임금이 도리어 신하에게 굴복당할 것입니다.

상과 벌의 기준은 말과 행동이 일치하는가의 여부입니다. 말과 행동이 일치하는가를 살펴서 일치하면 상을 주고 일치하지 않으면 벌을 주는 것입니다. 신하가 어떤 일에 대하여 자기 의견을 말하면, 임금은 그 의견에 걸맞은 일을 맡겨 주고 거기에 맞춰 성과를 요구합니다. 성과가 그 말과 들어맞으면 상을 주고, 들어맞지 않으면 벌을 줍니다.

그러므로 말보다 성과가 작아도 벌을 주고, 말보다 성과가 커도 벌

을 주는 것입니다. 여기서 말보다 성과가 커도 벌을 준다는 것이 한 편으론 이상하게 들릴지 모릅니다. 그러나 성과가 큰 것은 기쁜 일이지만, 명목이 들어맞지 않기 때문에 생기는 해로움이 성과가 큰 이로움보다 더 크기 때문에 벌을 주는 것입니다.

상과 벌의 기준을 칭찬과 비방에 의지하면 파당이 생기고, 사사로운 이익에 얽매여 공적인 도리를 버리면 나라가 어지러워집니다. 칭찬받는다고 하여 상을 주고 비방을 당한다고 하여 벌을 준다면 사람들은 공적인 도리를 버리고 사사로운 이익 쪽으로 수작을 부리고 작당을 해서 서로 감싸 줄 것입니다.

임금을 잊고 바깥과의 교제에만 힘써 자기 패거리만을 추천하려 든다면 윗사람에 대한 아랫사람들의 충성이 엷어질 것입니다. 교제가 넓고 패거리가 많아져 조정 안팎에 파당이 만들어지면 비록 큰 잘못을 저질렀다고 해도 그것이 은폐되는 경우가 많아질 것입니다. 그러므로 충신은 죄가 없어도 위태롭게 되고 무고한 죽임을 당하며, 간사한 신하는 공이 없어도 편히 즐기고 이득을 보게 됩니다. 충신이 위태롭게 되고 죽임을 당하면서도 그것이 죄 때문이 아니라고 한다면 유능한 신하들은 몸을 숨길 것입니다. 또한 간사한 신하가 편히 즐기고 이득을 보면서 그것이 공적 때문이 아니라고 한다면 나라 안에 간사한 신하가 횡행할 것입니다. 이것이야말로 한 나라나 조직이 멸망하게 되는 근본입니다.

대부들이 서로 자기 이익만을 늘리고자 힘쓰고 나라를 풍요롭게 하는 데 힘쓰지 않는다면, 중신들은 서로 자신의 지위만을 높이고자 애쓸 뿐 임금을 존귀하게 만들려고 힘쓰지 않을 것입니다. 또 아래 관리들은 봉록에 매달려서 사사로운 교제만을 넓히고 관청의 업무를 힘쓰려 하지 않습니다.

상과 칭찬을 소홀히 여겨 아무렇게나 처리할 경우 아랫사람은 제대로 일을 하지 않을 것이며, 상과 칭찬을 확실하고 후하게 할 경우는 아랫사람이 목숨을 아끼지 않습니다.

상벌은 많고 적은 것이 문제가 아니라, 정당한가 정당하지 못한가가 중요합니다. 형벌이 정당하다면 많더라도 많은 것이 아니고, 정당하지 못하다면 적더라도 적은 것이 아닙니다. 정당하지 못하다고 말하지 않고 너무 많다고 말하는 것은 형벌에 대해 제대로 알지 못하는 것입니다. 지금 형벌을 느슨하게 하고 너그러운 은혜를 베푼다면 이는 간악한 자를 이롭게 하고 선량한 사람을 해치는 것입니다.

쌀 창고를 열어 가난한 자에게 베푼다는 것은 바로 공 없는 자에게 상을 주는 일이며, 감옥을 살펴 가벼운 죄를 지은 죄인을 내준다는 것은 잘못한 자를 처벌하지 않는 것과 같습니다. 공 없는 자에게 상을 준다면 백성은 일하지 않고 윗사람에게 요행을 바랄 것이며, 잘못

한 자를 처벌하지 않는다면 백성들은 혼나지 않는다는 생각에 계속해서 쉽게 잘못을 저지를 것입니다.

공 있는 자가 반드시 상을 받는다면 상을 받는 자는 임금의 덕이라고 하지 않을 것입니다. 노력이 가져온 결과이기 때문입니다. 죄 지은 자가 반드시 처벌을 당한다면 처벌을 당한 자는 임금을 원망하지 않을 것입니다. 죄가 낳은 벌이기 때문입니다. 백성은 처벌이나 상이 모두 자신의 행위로부터 나오는 것임을 알기 때문에 일을 하면서 공로와 성과에 힘쓰며 임금에게 은사를 받으려고 하지 않습니다.

이야기 둘: 머리 감기

정치를 하는 것은 머리를 감는 것과 같습니다. 머리가 빠져도 반드시 감아야 하는데, 머리가 빠지는 손실이 아까워서 머리를 감지 않는다면 상황 판단을 못하는 사람입니다.

중한 벌은 그 자체가 목적이 아니고, 하나의 악한 죄를 엄중히 다스려 나라 안의 악을 막기 위한 것입니다. 이것이 바로 다스리는 방법입니다. 그렇다면 다스려지기를 바라는 사람이 어찌 중한 벌에 대해 의문을 갖겠습니까? 상도 그 자체가 목적이 아니고, 한 사람의 공적을 갚음으로써 나라 안의 많은 사람을 권장하려는 것입니다. 그렇다면 다스려지기를 바라는 사람이 어찌 후한 상에 대해 의문을 갖겠습니까?

무겁게 해야 그만두는 사람은 가볍게 하면 결코 그만두지 않고, 가볍게 하여도 그만두는 사람은 무겁게 하면 반드시 그만둡니다. 그러므로 윗사람이 무거운 형벌을 마련하면 간사함이 모조리 그칩니다. 간사함이 모두 그친다면 백성에게 많은 이익이 갈 것이고 간사한 자에게는 작은 이익이 갈 것입니다.

　속담에 이르기를 '산에서는 넘어지지 않으나 개미탑에 넘어진다'고 합니다. 산은 크므로 사람들이 조심하지만, 개미탑은 작으므로 사람들이 얕보기 때문에 넘어지는 것입니다. 만약에 형벌을 가볍게 한다면 백성들은 반드시 얕볼 것입니다. 그러므로 죄를 가볍게 처벌하는 것은 백성에게 있어 개미탑이 됩니다. 죄를 가볍게 하는 것을 도리로 삼는다면 나라를 어지럽히거나 백성들을 함정에 빠뜨리게 됩니다. 이것이야말로 백성을 상하게 하는 것입니다.

　그러므로 현명한 임금은 나라를 다스릴 때 계절의 일을 알맞게 함으로써 재물을 쌓고, 세금과 부역을 조정함으로써 빈부를 고르게 하고, 작록을 후하게 함으로써 어진 재능을 다하게 하고, 형벌을 엄중히 함으로써 악을 금하고, 백성으로 하여금 노력하여 부유함을 얻게 하고, 일을 하여 귀하게 되게 하며, 잘못으로 죄를 받게 하고 공로로 상을 받게 하여 은혜를 내려 줄 것을 생각하지 않게 합니다. 이것이 제왕의 정치입니다.

법이란 무엇인가?

 법을 잘 지키고 행하는 사람은 반드시 강하고 굳세며, 또한 굳고 바르다.

—한비자

1 계속되는 말다툼

공장에서 나온 한비는 곧장 고시원으로 들어갑니다.

'내가 너무 바보같이 굴었나? 괜히 쓸데없는 일에 참견이나 하고……'

한비의 기분이 썩 좋지 않습니다. 철민이에게 바른말을 해 주긴 했지만 사실 박 과장에 대한 감정 때문에 자신도 너무 치우친 소리를 한 것 같습니다.

고시원 한켠에서 열심히 공부하고 있는 유가가 보입니다. 한비는 천천히 유가에게로 다가갔습니다.

"어이!"

유가가 신경질을 냅니다.

"나 공부 좀 하자."

"어쭈!"

한비와 유가는 투닥거리며 고시원을 나서 허름한 포장마차로 갑니다.

"여기 어묵하고 순대 좀 줘요. 많이요."

포장마차 아주머니가 어묵과 순대를 갖다 놓았습니다.

"인마! 너 이제라도 정신 좀 차리고 공부나 열심히 해. 괜히 조카 일에 이래라저래라 신경 쓰지 말고. 이번엔 고시에서 합격해야 되잖아. 너도 네 꿈을 찾아야지!"

"유가야, 너는 내가 그냥 심심해서 장난감 공장에 가는 줄 아니? 난 말이야. 그 어린 임금으로 하여금 큰 야망을 이룰 수 있도록 법가 철학을 전해 주러 가는 거다. 시대적 사명감을 갖고 말이다. 알겠냐?"

"쳇! 네가 그런다고 어린 철민이가 얼마나 달라지겠냐? 그리고 철민이가 무슨 임금이냐?"

"임금이나 마찬가지지. 장난감 공장을 책임지는 임금 말이야."

"그래그래, 임금이든 공장장이든 다 좋다. 이해하마. 그런데 네가 거기 가서 무슨 철학을 전해 준다는 거냐?"

"유가야, 잘 들어."

"잘 듣겠다만, 너는 늘 엉터리 철학을 말하는 거 다 알아. 냉정하게 법을 만들어 철저하게 집행하라. 그래서 반대파들을 모조리 숙청하라. 철통같은 법과 질서로 백성들을 냉혹하게 다스려라. 그래야 전쟁이 났을 때 백성들을 몰아붙여 전쟁에서 승리할 수 있다. 한비야, 그게 요즘 세상에 통할 수 있는 소리냐?"

유가는 또 쯧쯧쯧 소리를 내며 어묵을 입에 넣습니다.

"그럼? 너같이, 인정으로 사람을 사귀어라. 신의를 지키고 자애로움을 나누어라. 법에 앞서서 어진 마음과 의로운 정신으로 인간 세상을 평화롭게 하라. 뭐, 어쩌고저쩌고? 이게 나라 다스리는 짓이냐? 나라를 아예 망하게 하는 짓이냐?"

"야! 사람과 사람 사이에는 공기가 흐르듯이 사랑과 정이 흐르는 거야. 그러기에 마음이 어진 사람이 큰 덕을 쌓게 되면 저절로 백성들의 지도자로 우뚝 서는 것이고."

"시끄러!"

박 과장과 싸웠던 한비는 이제 유가를 상대로 또 싸움을 벌일 태세입니다. 포장마차로 들어서던 사람들이 달아나듯 나가 버려도 개의치 않습니다.

"이 어리석고 무기력한 유가야. 술은 그만 마시고 사부님한테 배우듯이 내 말씀을 잘 들어라."

"어라, 진짜 시끄럽구나!"

"유가야, 시끄러워도 잘 들어라! 옛날에 송나라 임금 '양공'이 초나라의 군사와 강을 사이에 두고 전쟁을 하고 있었단다. 송나라의 군사는 이미 전열을 갖추었지만 초나라 군사는 아직 다 강을 건너지 못했지. 그러자 송나라 장군이 말했어. '폐하, 초나라 군사는 많고 우리 군사는 적습니다. 하지만 초나라 군사가 강을 반쯤 건널 때를 기다려 과감히 공격하면 우리가 반드시 이길 수 있습니다' 라고 말이야."

"그래서?"

"하지만 송나라의 임금 양공은 이렇게 말했단다. '듣거라! 군자가 말하기를, 전열을 갖추지 못한 적을 공격하지 말라고 했노라. 지금 초나라 군사가 물을 다 건너오지도 않았는데, 저들을 공격하면 옳지 않도다. 비겁한 짓이도다. 때문에 초나라 군사가 다 건너

와 스스로 진지를 만든 다음에야 정정당당하게 공격하겠노라.'
이게 바로 유가 네 머릿속과 같은 짓이다."

"캬! 그 양공 참 멋있는 사람이다."

"어쭈! 꼴뚜기가 뛰네!"

"성인군자는 전쟁터에서도 성인군자란 말이야."

"그러나 이 어리석은 유가야. 끝까지 잘 들어. 송나라의 장군이 다시 말하기를 '폐하께서는 우리 군사들은 아끼지 않은 채 어찌 옳고 정당한 것만 따지십니까?'라고 물었지. 그러자 양공은 화를 버럭 내며 장군으로 하여금 자기 자리로 돌아가게 했단다. 그 이후 어떻게 되었겠니?"

"멋지게 싸웠겠지."

"쯧쯧쯧. 급기야 초나라 군사가 강을 다 건너와 전열을 갖추고 진지를 구축했단다. 그런 다음 어떻게 되었겠니? 송나라 군사는 그야말로 막강한 초나라 군사와의 싸움에서 크게 패하고 말았단다. 양공도 허벅다리에 상처를 입은 채 3일 만에 죽고 말았지. 바로 이것이야. 대책도 없이 명분을 내세우고 정당함을 내세우고 사람의 도리만을 내세우다 크게 화를 당해 버린 것이지. 참 우습게 되지 않았냐?"

하지만 유가는 여전히 빈정거립니다.

"쳇! 너는 언제 그런 옛날이야기만 공부해 두었냐?"

"허! 이렇게 귀한 이야기를 해 줘도 딴소리네!"

"한비야! 정신 차려라! 너는 어찌 매사에 강한가, 약한가, 승리하느냐, 망하느냐, 이런 것만 기준으로 삼아 이야기하냐? 그런 법가의 이치가 판을 친다면 사람들은 무서워서 잠시도 살지 못할 거다. 말하자면 정이 넘치는 사회, 도덕과 인품으로 다스려지는 사회가 진정 우리들이 원하는 세상이야. 정치도 그러해야 하고."

"이런 얼간이 녀석 보게나."

"너 자꾸 그렇게 말할래?"

둘 사이에 다툼이 계속되자 포장마차 아주머니는 지겨워 죽겠다는 듯 자리를 피해 버립니다. 하지만 한비는 아예 일어서서 유가를 향해 열변을 토하기 시작합니다.

"유가야, 역사라는 사나운 말을 잘 다스리려면 어떻게 해야겠냐? 철저한 훈련이 있어야 하고 규칙을 지켜 냉정하게 다스려야 돼. 그런데 너처럼 하다 보면 마치 고삐나 채찍도 없이 사나운 말을 부리려는 것과 같

은 거야. 현실을 제대로 알지 못하는 어리석은 짓이지. 너처럼 나라를 경영하면 그 나라는 아예 망해 버려! 알겠니, 이 유가야!"

"완전히 독재자의 이치로군. 우리 사회에 너 같은 독재자들은 없어야 돼. 남을 이해하고 불쌍하게 생각하고 너그럽게 이해하는 마음이 있어야 올바른 사람이야. 그런 사람이 지도자가 되어야 세상을 평화롭게 다스릴 수 있고."

"하지만 이 어리석은 유가야, 잘 들어라! 나도 불쌍하다는 생각은 해. 그러나 그것은 그저 인의(人義)를 드러낸 것일 뿐 그것으로 나라를 다스리는 것은 아니란다. 그러니까, 어떤 임금이 사형수를 향해 눈물을 흘렸다고 해서 임금이 사형을 막거나 할 수 있는 건 아니잖니. 그러기에 공자가 말하는 인의는 결코 나라를 다스리는 수단으로 삼을 수 없는 것이야."

"허, 너는 왜 툭하면 공자님을 흉보는 거냐?"

"분명히 말해 주마. 사형수를 향해 눈물을 흘리면서 그의 처형을 바라지 않는 것은 인의의 마음이야. 반면에, 마음이 아프더라도 사형시켜야 할 자를 분명히 사형시키는 것이 법이란다. 나라를 다스리려면 바로 이 법이 잘 지켜져야 해."

날은 이미 어두워졌고 술병 하나가 더 비워졌습니다.

"이젠 그만 마시고 가세요! 어서요!"

포장마차 아주머니가 안으로 들어서며 버럭 소리를 지릅니다.

"아주머니, 오늘 우리들은 아주 중요한 이야기를 나누는 겁니다. 아시겠어요?"

"그래도 너무 취하셨잖아요."

"안 취했어요. 더욱이 저는 오늘 이 유가 녀석을 올바로 교육시킬 막중한 책임이 있다고요."

"뭐 나를 교육시켜?"

술에 취해 고개를 떨어뜨리고 있던 유가가 얼굴을 들며 발끈합니다.

"그래."

"나는 네가 사람 좀 되었으면 하고 바라고 있는데?"

"허! 완전히 쇠귀에 경 읽기네!"

"한비야, 너도 법 공부를 떠나 요즘 세상 살아가는 이치에 대해 좀 깨달아라. 그래야 내 친구가 될 수 있겠어."

하지만 한비는 한심스럽다는 듯 유가를 쳐다봅니다.

"유가야, 옛날에 말이다. 노나라 사람이 전쟁에 나갔다가 도망쳤단다. 공자가 그 사람에게 도망친 이유를 물었지. 도망자가 이렇게 대답했어. '저에게는 늙은 아버지가 있습니다. 때문에 제가 전쟁터에서 죽으면 아버지를 봉양할 사람이 없습니다' 라고 말이야. 그러자 공자는 그를 효자로 여겨 관리로 추천했단다. 그런데 나중에 어떻게 되었는지 아니?"

"쳇! 몰라."

"아버지에게는 효자였지만 그것이 곧 노나라 임금에게는 역적인 거야. 전쟁터에서 도망쳐 왔으니 역적이지. 그러면 매사에 인의를 따지며 사사로운 정이나 효도 따위를 중요하게 여긴 노나라는 어떻게 되었을까? 아주 쉽게 망해 버렸어. 전쟁이 벌어지자마자 이 사람 저 사람 다 도망쳐 버리니 그런 나라가 왜 안 망하겠니?"

그런데 유가는 탁자에 머리를 떨어뜨린 채 아예 코를 골아 버립니다.

"드르릉, 크……."

한비는 쯧쯧쯧 소리를 내더니 술에 너무 취해 버린 유가를 깨웁니다.

"불쌍한 녀석! 어서 고시원으로 가자!"

한비는 유가의 어깨를 꽉 붙잡고 어둑한 길을 걸었습니다.

그런데 유가가 말을 꺼냅니다.

"너 나한테 불쌍하다고 했냐? 사실 말이다. 불쌍하긴 네가 더 불쌍하단다."

한비는 대답도 하지 않고 그저 비틀거리는 유가를 부축하기만 합니다. 불쌍하다는 말에 저 홀로 눈물이 핑 도나 봅니다.

유가가 말을 이었습니다.

"한비야, 이 꿈 많은 친구야, 가난하고 힘없는 사람들을 위해 평생을 바치겠다고 결심하던 판사 지망생 한비야! 너 그 꿈을 꼭 이루어야 한다."

"그래."

"내 소중한 친구 한비야, 나는 너를 누구보다도 잘 알아. 어느 땐 바보스럽고 우스꽝스럽지만 넌 사실 그렇지 않아. 마음속은 참 올곧은 사람이야. 어두운 밤에 혼자 눈물을 줄줄 흘리며 장차 훌륭한 판사가 되겠다고 결심하던 한비잖니. 공부를 할 땐 정말 너무나 열심히 공부에만 매달리던 한비잖니. 의리에 살고 의리에 죽는 한비잖니. 힘내라. 장차 우리의 시대가 올 거야."

"그래, 친구야."

"나도 힘내고 너도 힘내자."

두 사람은 어두운 밤길에서 마냥 비틀거렸지만 용케도 고시원을 잘 찾아갔습니다.

2 병이 깊어지기 전에

한비가 공부를 하는 고시원은 철민이네 집과 가깝습니다. 본래 한비는 철민이네 집에 살았지만 열두 번째 시험을 위해 근처 고시원으로 거처를 옮겨 온 것입니다.

하지만 요즘 한비에겐 공부보다 더 큰 고민거리가 생겼습니다.

유가가 창틀에 턱을 괴고 길거리를 살피다 말합니다.

"큰일이야. 저 어린 녀석이······."

유가가 투덜거립니다.

한비가 책을 덮고 유가에게 다가갑니다.

"넌 어찌 내가 공부 좀 하려고 하면 딴소리를 내는 거냐? 밖에 예쁜 여자라도 보이냐?"

"네 조카 녀석 말이야. 저게 네 조카 녀석 자가용 맞지? 외제 차네!"

"철민이 차구나. 쩝."

"초등학교 6학년짜리가? 쯧쯧쯧."

"진짜 쯧쯧쯧이다."

"학교 정문에서 외제 자가용을 타고 그 옆에 있는 공장으로 가다니! 걸어서 가면 건강에 좀 좋겠냐!"

"저러다 나쁜 사람에게라도 걸리면 큰일 날 텐데. 쟤가 이 외삼촌을 막 무시하는 것 있지?"

"무시? 너를 무시하는 저 녀석을 가만두었어? 그냥!"

"어쩌겠냐! 내 주머니에 돈이 없는데……."

"쯧쯧쯧, 한심한 놈!"

유가는 한비의 머리를 쥐어박습니다. 그리고 철민이 탄 외제 자가용이 사라져 간 쪽을 물끄러미 쳐다봅니다.

"피자집 아르바이트를 하던 녀석이…… 솔직히 부럽다, 부러워!"

"오늘은 내가 가서 단단히 훈계를 해야겠어. 그동안 벼르고 있었거든."

한비는 밖으로 나가 큰길로 향했습니다. 큰길을 따라 농협 건물 쪽으로 쭉 걸어갑니다. 장난감 공장이 보입니다.

공장 정문에서 옷매무새를 고친 한비는 자못 엄숙한 표정을 짓습니다.

"충성!"

정문 경비원에게 거수경례를 붙이며 당당하게 들어갔습니다.

한비가 2층에 있는 철민의 사무실로 들어가니 예전과 다르게 휘황찬란합니다. 그런데 아무도 없었습니다.

'철민이가 차를 타고 어디로 간 거야? 이 공장으로 들어온 줄 알았는데?'

한비는 눈을 끔뻑이며 고급스러운 사무실 분위기를 살핍니다. 불만이 터져 나왔지만 한숨 소리가 더 큽니다.

'허! 이게 초등학교 6학년짜리 사무실이라니! 나 원! 눈이 부셔서 못 보겠네!'

한비는 철민의 의자에 앉습니다.

'휴, 의자가 너무 작아……. 나에게 딱 맞는 의자를 갖다 놓으라

고 할까?'

한비는 의자를 빙빙 돌립니다.

철민이는 저녁때가 되어서야 사무실로 들어옵니다. 비싼 양복을 입었고 책가방도 비싼 것입니다.

"에이, 외삼촌 왜 또 왔어요! 참 내!"

철민이는 한비를 보자마자 짜증 섞인 말부터 꺼냅니다.

"그야 뭐……."

철민이가 책가방을 옆에 놓더니 의자에 앉습니다.

"호텔 레스토랑에서 너무 맛있는 걸 먹고 왔네요. 고기를 먹는데, 입 안에서 사르르르!"

"그거 안 싸 들고 왔냐?"

"에이, 창피한 소리 그만하시고 어서 가서 공부나 해요! 공부!"

언젠가부터 한비가 찾아오는 걸 귀찮게 생각해 온 철민이는 아예 한비를 내쫓으려고 합니다. 한비는 얼굴을 돌렸지만 눈물이 핑 돌았습니다. 그리곤 겨우 말을 꺼냅니다.

"저는 사실, 공장장님께 한 가지 이야기를 해 주려고 왔습니다."

"또 그 옛날이야기인가요?"

"네, 옛날 은나라의 마지막 임금 이름은 '주' 입니다."

"그래서요?"

"주 임금이 상아로 만든 젓가락을 쓴다는 말이 사람들 사이에 퍼졌습니다. 그러자 '기자'라는 사람이 개탄을 하며 사람들에게 말했습니다. '상아 젓가락이라면 질그릇 위에 얹어 놓기에는 적절치 않다. 그러므로 분명 옥으로 만든 그릇 위에 올려놓을 것이다. 그리고 상아 젓가락이나 옥그릇이라면 분명 값비싼 코끼리 고기나 어린 표범 고기를 먹을 것이다.'"

"오, 그렇게 자꾸 예측했다는 이야기인가요?"

"그렇죠. 기자가 또 예측했습니다. '코끼리 고기나 어린 표범 고기를 먹는다면 분명 비단옷을 입고 있을 것이다. 그리고 넓고도 화려한 집에 앉아서 호의호식할 것이다. 오호, 나는 그 마지막이 두렵구나!'라고 말이죠."

"비단옷을 입고 넓고도 화려한 집에서 맛있는 음식을 먹으면 얼마나 좋아요! 쳇, 외삼촌도 그걸 부러워하면서."

"그 후 5년이 흘러갔습니다. 정말 그 예언대로 주 임금은 사방에 고기를 늘어놓고 술을 채운 연못에서 호화롭고 방탕한 생활을 일삼았습니다. 그러다 나라가 와장창 망해 버렸습니다. 이렇게 기자는 주 임금이 상아 젓가락을 쓴다는 말 한마디를 듣고 천하가 망하리라는 걸 미리 알아냈습니다. 공장장님, 제발 정신 차리세요. 이 회사도 그렇게 될까 두려워 제가 사명감을 갖고 이렇게 찾아온 것입니다.”

“아니, 지금까지 회사가 잘 발전해 온 걸 보시고도 그렇게 말씀하세요?”

“과거에 의지하면 현재와 미래가 무너집니다. 공장장님이 과거의 실적을 믿고 이렇게 호화 방탕 생활을 일삼다간 곧이어 공장이 망해 버린다는 거죠.”

“아니, 뭐라고요? 돈이 생겨서 좀 쓰겠다는데 거기다 왜 호화 방탕이란 말을 써요? 뭐, 공장이 와장창 망한다고요?”

철민이는 자못 성깔을 드러냅니다.

“이 공장이 탄탄하게 발전하려면 내 충고를 잘 받아들여야 합니다. 아시겠어요, 공장장님!”

“정말 못 말려! 외삼촌은 아주 이 장난감 공장이 와장창 망하길 손꼽아 기다리고 있는 사람 같군요.”

한비의 눈물겨운 설득은 멈추지 않았습니다.

“화만 내지 말고 잘 들으세요. 공장장님은 여기서 막중한 임무를 맡은 사람이니 무섭도록 냉철한 정신을 지녀야 합니다. 권력의 정

점에서 강력한 통제와 조종으로 직원들을 다스려야 합니다. 물론
그러기 전에 스스로 자기 자신을 냉혹하게 다스려야겠지요."

"나 자신을 냉혹하게 다스리라고요?"

"네, 자신에게 병이 없는지부터 잘 살펴야 합니다."

"저 병 없어요. 건강해요."

"그런 병 말고요. 회사 발전을 저해하는 나쁜 습관은 없는지, 혼
자서만 맛있는 것 먹고 다니는 못된 버릇부터 과감히 버려야 한다
는 거죠. 자기 자신부터 개혁해야……."

"에이, 좀 그만둬요! 아까 먹은 맛있는 음식이 외삼촌 때문에 다 내려가 버렸단 말이에요!"

철민이는 소리를 빽 지르더니 손뼉을 짝짝 쳤습니다.

"아니?"

그때 건장한 남자 둘이 들어옵니다. 그 두 사람은 한비의 양 어깨를 붙잡더니 밖으로 끌고 나갑니다.

"잘 가시라고요."

철민이가 의자에 앉은 채 손을 흔들었습니다.

한비는 두 남자에게 이끌려 2층 사무실을 내려옵니다. 그리고 마당을 가로질러 정문 밖으로 쫓겨나는 동안 아무 말도 하지 못합니다.

3 학식과 권세

한비에게 경비원이 다가와 혀를 차며 말합니다.

"쯧쯧쯧. 젊은이, 잘못 찾아왔어. 여긴 예전의 그 회사가 아니야."

"……."

"어서 일어나 집으로 가."

그때 공장에서 철민의 승용차가 나옵니다. 경비원이 문을 열어 주며 거수경례를 붙입니다. 승용차는 미끄러지듯 빠져나와 어딘가로 향합니다.

경비원 아저씨가 다시 한비에게 다가옵니다.

"공장장은 매일 돈을 챙겨서 놀러나 다녀. 그리고 아랫것들도 다 썩어 빠졌어. 제 주머니 챙기기에 바빠. 그렇다고 바른 소리를 하면 다 잘리고 말이야. 누구 하나 바른 소리를 못해. 한심한 공장이지, 뭐."

"……."

"그런데 젊은이는 학식이 좀 있어 보이는데, 왜 매일 이런 식으로 찾아와서 욕을 먹는 거야?"

한비는 겨우 말을 꺼냅니다.

"저 학식 없어요."

"학식이 있어 보여서 하는 소리야."

한비는 몸을 일으키고는 바지를 툴툴 털었습니다. 낭패스러운 마음을 경비원에게 들키지 않으려고 얼른 뒤돌아섭니다.

"학식이 있으면 뭐 합니까. 권세가 없는데."

"권세라니?"

"옛말에 크기가 한 자밖에 안 되는 나무라도 높은 산 위에 세우면 천 길 깊은 골짜기를 내려다볼 수 있다고 했습니다. 그것은 나무가 크기 때문이 아니고 그 위치가 높기 때문입니다."

"아, 그렇군."

"중국 하나라의 악한 임금 '걸'이 한때 천하를 호령했습니다. 그것은 걸 임금이 어질어서가 아니라 권세가 막강했기 때문입니다. 그리고 성스러운 요임금이 만약 평범한 사람이었다면 세 집안도 다스릴 수 없었겠죠. 그건 요임금이 어리석어서가 아니라 권세가 없고 지위가 낮기 때문입니다."

"맞아, 역시 젊은이는 학식이 대단해."

"아저씨! 간혹 보면, 어리석은 자가 어진 이를 아래에 두고 통제하곤 하는데, 그건 권세가 있기 때문입니다. 그러므로 설령 쌓은 덕이 높고 행실이 올바르다 하더라도 지위와 권세가 받쳐 주지 않으면 공을 세우고 명성을 휘날릴 수 없습니다. 아시겠어요? 휴."

한비는 말을 마치고 두 손을 주머니에 넣었습니다. 그리고 고시원 쪽으로 쓸쓸하게 발길을 돌립니다.

다시 하루가 지났습니다.

"너 또 그 공장에 찾아가려고?"

"그래."

공부를 하던 유가가 손을 내젓습니다.

"그러지 말고 네 공부나 좀 해라. 제발! 제발! 철민이는 그저 제 인생을 사는 거야. 그리고 그 공장이 망하느냐 흥하느냐, 그건 네 일이 아니잖아. 너는 그저 공부나 열심히 해서 고시에 합격하면 되는 거야."

"하지만 이 답답한 가슴을 어찌하란 말이냐. 공부가 손에 잡히질 않잖니. 휴, 너는 법을 공부하는 사람에게 어찌 올바르지 않은 것을 보고 모른 체하라고 하니?"

"판사나 되고 나서 그런 소리를 해라."

"이 어리석은 유가야, 설령 내가 또 조카 녀석에게 수모를 당할지언정 외삼촌이니만큼 의당 훈계는 해 줘야 할 것 아니겠냐? 그게 어른으로서의 도리야."

한비의 말에 유가는 못 이기겠다는 듯 고개를 끄덕입니다.

"그래그래, 맘대로 해라."

"이해해 줘서 고맙다."

"한비야, 넌 역시 우직하고 듬직한 면이 있어. 그래서 마음에 든단 말이야. 자식! 어서 찾아가 봐라. 오늘도 또 수모를 당하든 말든 장난감 공장으로 찾아가 네 뜻을 펼쳐 보는 거야. 풋! 결과야 뻔할 테지만 말이야."

유가는 한비를 격려하면서도 빈정거림을 빠뜨리지 않습니다.

한비는 유가의 말은 아랑곳하지 않고 사명감으로 무장한 채 다시 철민을 찾아갑니다. 그리고 사무실 소파에 앉지도 않은 채 마치 하소연하듯 말했습니다.

"내가 어찌 조카인 공장장님을 등지겠습니까. 제발 정신 좀 차리세요."

하지만 철민은 아예 뒤돌아 앉습니다. 그러곤 휴지를 꺼내 귀를 막습니다.

한비는 사명감 가득한 음성으로 말을 이어 나갔습니다.

"내 말을 잘 들으세요. 공장장님, 옛날에 '편작'이라는 아주 유명한 의사가 있었습니다. 편작은 어느 날 채나라의 왕 '환공'을 만났어요. 편작은 환공을 보더니 '임금님의 병이 피부에 있습니다. 치료하지 않으면 앞으로 깊어질까 걱정됩니다'라고 말했습니다. 그러자 환공은 '나는 병이 없다!'라고 대답했지요."

"그만하세요. 나에겐 아무 소리도 안 들려요!"

"잘 들어 보세요. 편작 의사가 물러가고 나서 환공이 하는 말이, '편작은 우쭐거리기를 좋아하며 병이 아닌 것을 고쳐 공을 세우려고 한다'라고 했어요. 열흘 뒤에 편작이 다시 환공을 만났습니다. 그때 '임금님의 병이 살갗 속에 있습니다. 치료하지 않으면 앞으로 더욱 깊어질 것입니다'라고 말해 주었어요. 하지만 이번에도 환공은 시큰둥했습니다."

"나도 못 들었어요!"

"또다시 열흘 있다가 편작이 환공을 만나 '임금님의 병이 창자와 위 속에 있습니다. 치료하지 않으면 앞으로 더욱 깊어집니다'라고 조언했습니다. 이번에도 환공은 아무 조치도 취하지 않은 채 시큰둥했습니다. 그 후 열흘이 흘러 편작이 다시 환공을 만나러 가다 멀리서 쳐다보고는 그냥 발길을 돌렸습니다."

"아니, 왜요?"

말과는 달리 아주 안 들리는 것은 아닌 모양입니다.

"환공이 신하를 보내 발길을 돌린 까닭을 물으니, 편작이 이렇게 대답했답니다. '병이 피부에 있으면 찜질로 치료가 가능합니다. 그리고 살갗 속에 있으면 침으로 치료가 가능하지요. 그리고 창자와 위 속에 있으면 약재로 치료가 가능합니다. 그러나 병이 골수에 있으면 생명이 달린 일이라 어찌할 수 없습니다. 지금 임금님의 병이 골수 속에 있으니 어쩔 수 없습니다'라고 말입니다. 그말이 사실이었어요."

"병이 골수로 들어갔나요?"

"닷새 있으니 환공의 몸이 정말 아프기 시작했습니다. 그래서 신하를 시켜 편작을 급히 찾았지만, 편작은 이미 후환이 두려워 다른 나라도 도망쳐 버린 후였습니다."

"그래서요?"

"환공은 끝내 죽고 말았답니다."

"오!"

"아시겠어요? 훌륭한 의사는 병을 치료할 때 피부부터 다스립니다. 왜냐? 어떤 일에서든 작은 것부터 해결해야 하니까요. 그렇지 않으면 창자와 위로 병이 옮겨지고 마침내 골수로 옮겨집니다. 결국 이런 큰 공장도 작은 것을 소홀히 하다가는 망하게 된다는 거죠."

"네? 이런! 이런! 외삼촌은 아예 미쳤군요!"

"그러면 안 되겠지요?"

한비는 정말 눈물 어린 심정을 드러냅니다.

"철민이 너도 깨달았겠지만, 병이 피부에 있을 때 빨리 고쳐야 하는 거야. 네가 회사를 발전시켜 돈을 벌었다고 해서 호화 방탕 생활을 하면 큰일 나는 거야. 이 공장 전체가 망할 수도 있어."

그 말에 철민이는 독하게 말을 가로막습니다.

"외삼촌!"

"왜?"

"제발 망한다는 소리 좀 그만해요! 우리 회사는 앞으로도 내 힘으로 크게 발전시킬 거예요!"

한비는 가슴을 치고는 뒤돌아섭니다.

"그러니까 내 말을 명심하라고! 공장장 자신부터 근검절약하고 냉혹하게 자신을 다스려야 해! 그리고 직원들 역시 마음이 흐트러지지 않도록 강력하게 통제를 하라고!"

한비는 그 말과 함께 사무실 문을 쾅 닫아 버리고 밖으로 나갔습니다. 그런데 한비가 공장 마당을 가로질러 정문으로 나가는 동안에도 철민이는 내다보지도 않습니다.

'괘씸한 놈! 다시는 안 찾아오마.'

한비는 이를 부드득 갈았습니다.

4 고릴라로 변한 사람

한비는 한동안 장난감 공장을 찾아가지 않았습니다. 오로지 공부에만 매달렸습니다.

그런데 공부에 열중하던 한비에게 뜻하지 않은 소식이 날아들었습니다.

"뭐? 누나, 그게 사실이야?"

"그래, 철민이가 털보 사장님에게 아주 크게 혼났다는 거야."

"이런!"

전화 수화기 속 철민의 엄마는 안절부절못하는 듯합니다.

"승용차도 빼앗기고 옷도 빼앗기고, 회사 경영이 엉망이라지 뭐냐."

"참 내, 철민이가 그럴 줄 알았어."

한비는 전화 수화기를 내려놓고 부리나케 옷을 갈아입습니다.

'에구, 불쌍한 녀석! 이 외삼촌이 가만있을 수 없지, 암.'

한비는 곧바로 장난감 공장으로 찾아갑니다. 지난날 철민이에게 겪은 수모는 다 잊어버린 듯합니다.

한비는 식당 옆 계단을 부리나케 뛰어 올라갑니다. 2층으로 올라가니 바로 앞에 철민의 사무실이 보입니다.

그런데 커다란 손이 한비의 가슴을 턱 가로막았습니다.

"댁은 누굽니까?"

목소리가 묵직하고도 냉랭하여 한비는 깜짝 놀라며 뒷걸음질을 칩니다.

"아, 나로 말씀드릴 것 같으면……."

"어허, 댁은 누구신데 함부로 2층으로 올라오느냐고요?"

"그러는 댁은 누구신데?"

"이 회사 관리 부장입니다."

한비는 관리 부장을 아래위로 훑어봅니다. 어디서 본 듯합니다. 정말 어디서 많이 본 듯싶었는데, 그는 다름 아닌 박 과장입니다.

"아니, 왜 이렇게 변했나요?"

한비로서는 너무 놀랄 일이었습니다. 분명 박 과장인데, 얼굴 생김새도 다를뿐더러 덩치도 훨씬 커 보입니다. 예전에 보던 나긋나긋하고도 예의 바른 박 과장이라고 하기엔 너무 이상합니다.

목소리도 사뭇 다릅니다.

"이보세요! 공장장님의 외삼촌은 분명 이 회사의 직원이 아닙니다. 용건도 없이 이 바쁜 시간에 왜 여기를 찾아옵니까?"

한비는 주눅이 들어 또다시 뒤로 물러서고는 더듬더듬 말을 꺼냅니다.

"그래도…… 제 조카가…… 여기 공장장님이라서……."

"저녁 근무 끝나고 밖에서 따로 만나세요! 알았나요?"

관리 부장의 목소리는 단호했어요. 한비를 향해 눈을 부라리기도 합니다.

한비는 그 기세에 눌려 앞으로 더 이상 가질 못하고 계속 뒷걸음질만 쳤습니다.

"그럼 다음에 오죠."

한비는 고개를 끄덕이고는 경비실 밖으로 나갑니다. 하지만 이대로 고시원으로 되돌아갈 한비가 아닙니다.

'철민이가 곤경에 처한 게 분명해. 회사가 왜 이렇게 변한 거야?'

관리 부장이 마당을 가로질러 공장 안으로 들어가는 게 보입니다.

한비는 그 기회를 놓치지 않습니다. 살금살금 걸음을 옮겨 기어이 사무실 2층으로 접근합니다.

공장 출입문 쪽을 슬쩍 살펴보고는 후다닥 공장장의 사무실 문을 열었습니다.

한비의 얼굴에 식은땀이 주르륵 흘렀습니다.

"아니, 철민아!"

철민이는 무릎을 꿇은 채 손을 들고 있습니다. 한비를 보자 반가워했지만 철민이의 얼굴빛이 많이 어두웠습니다.

"공장장님, 여기로! 소파로 와 앉으세요!"

"저 지금 벌서고 있는 거예요."

"공장장님, 괜찮아요. 이 외삼촌이 왔으니…… 휴."

철민이가 소파로 와 앉습니다. 그동안 털보 사장에게 얼마나 크게 혼났는지는 철민이 얼굴에 그대로 쓰여 있습니다.

한비는 자상한 눈으로 철민이를 쳐다보고는 등을 다독여 줍니다. 자꾸 다독여 줍니다.

"공장장님, 걱정 마세요. 공장장 자리에서 잘리지 않았으니 다행이고, 이제부터라도 잘하면 됩니다."

"네, 고마워요, 외삼촌."

"그나저나 좀 전에 저 큰일 날 뻔했어요."

"왜요? 공부하시다가 무슨 일이라도?"

"공부가 아니고, 여기 들어오는데, 웬 고릴라 같은 사람이 이 가슴을 탁 치지 뭡니까!"

"고릴라요?"

"박 과장 말입니다. 그런데 자기가 관리 부장이라네요. 직책이 올라가니 전혀 딴사람이 된 것 같더라니까요."

"아, 네!"

철민이는 시무룩해집니다.

여직원이 녹차를 준비해 한비 앞에 갖다 놓습니다.

철민이는 테이블에 있던 서류를 잠시 뒤적이다 다시 한비 옆으로 와 앉습니다.

"저 외삼촌!"

"왜요?"

"그동안 회사 사정이 많이 바뀌었어요. 왜냐하면, 제가 일을 너무 못했어요. 그리고 돈을 내 멋대로 쓰며 놀러 다니기만 했어요. 본사에 계신 털보 사장님이 무척 화를 내시면서 뭐라 말씀하셨는지 아세요? 저에게 회사에서 나가 달라고까지 하셨어요. 내쫓아 버린다고."

"오, 세상에!"

"그래서 털보 사장님께 무릎 꿇고 사정사정하며 빌었어요. 저 여기서 잘리면 안 되잖아요."

"그러니까 진작 이 외삼촌의 충고를 새겨듣고 공장을 올바르게 경영했어야지요."

"네, 외삼촌 고마워요. 그리고 지금껏 외삼촌께 무례하게 대했는데, 제가 너무 잘못했어요. 사과드려요, 진심으로. 그리고 이제부터 저는 장난감 아이디어 개발에만 전념하기로 했어요. 직원 관리나 공장 운영 등은 모두 관리 부장님이 맡기로 했고요."

철민의 말에 한비는 불평을 터뜨립니다.

"에이! 차라
리 지나가는 고
릴라에게 일을 맡기
는 게 낫지. 사람 잘못
선택했어요. 똑같은 사람
인데, 과장에서 부장으로 승
진했다고 하루아침에 사람이 그
렇게 변할 수 있어요?"

"본사의 털보 사장님 지시로 이렇게 된 거예
요. 현재 관리 부장님 권한이 무지 커요."

"아휴! 그 사람이 또 한 번 승진을 하게 되면 공장장님을 완전히
무시할 겁니다. 계급장을 달아 주고 완장을 채워 주면 사람은 그
렇게 쉽게 변하지요. 계급장과 완장이 사람을 바꾸는 거지요. 순
한 양 같은 사람이 하루아침에 고릴라로 변했지 않습니까? 이러
다가 그 관리 부장이 공장장 자리마저 넘볼지 모릅니다."

"네?"

"제가 보기에, 관리 부장은 야욕으로 가득 찬 사람입니다. 남을
못살게 굴며 다른 사람을 짓밟고 올라설 거예요. 사람들 선동 잘

줄 입 금 지

하고 배신과 권모술수에 능한 사람입니다. 공장장님은 늘 그 사람을 의심하고 경계해야 해요. 언제든 공장장님의 적으로 돌변할 사람이니까요."

"알겠어요."

"절대 그 관리 부장에게 사소한 권한이라도 넘겨주지 마세요. 그리고 가급적 그 사람이 갖고 있는 권한을 제한해야 하고 사람을 시켜 늘 감시해야 합니다."

"네, 명심할게요."

한비는 철민이를 다시 지긋이 쳐다봅니다.

털보 사장에게 승용차도 빼앗기고 옷도 빼앗기고 욕까지 먹었다는 철민이. 혼자서 무릎을 꿇고 벌을 서고 있던 철민이. 그런데 그게 오히려 다행이다 싶었습니다. 외삼촌을 막 대하고 어느 땐 내쫓기까지 했는데, 이젠 아닙니다. 예의 바르고 착한 아이가 되었습니다.

말하자면 털보 사장이 철민이를 사람으로 만들어 놓은 셈입니다.

한비는 오늘따라 과감하게 일어섭니다.

"저 갑니다."

한비가 나가자 철민이는 실험용 탁자로 옮겨 앉습니다.

이제는 공장에서의 여러 일을 새롭게 시작해야 합니다.

철민이는 지금까지 개발해 온 두꺼비 로봇을 들고 생각에 잠깁니다. 여러 가지 아이디어가 복합된 것인데, 좀 더 기발한 아이디어를 첨가해야 합니다.

아이디어는 상품 판매를 좌우하는 핵심 요소이므로 철민이의 고민은 더욱더 늘어만 갔습니다.

만인에게 공정한 법치주의의 잣대

중국의 주나라 때에는 '대부'라는 벼슬 이상은 처벌을 받지 않았으며, 서민들은 교육을 받을 권리가 없었습니다. 지금 생각하면 이상한 일이지만, 벌써 3천 년 가까이나 되는 옛날이니까 그때는 그것을 당연하다고 생각했습니다.

그러던 것이 춘추전국시대가 되면서 유가가 나와 서민들도 교육을 받아야 한다고 주장했고, 법가는 대부 이상도 법 앞에서는 똑같이 대우해야 한다고 주장했습니다. 한비자는 이 법가의 이론을 종합한 사람입니다. 물론 대부 이상의 벼슬을 가진 사람들로서는 이전의 자신들의 특권을 없애겠다는 것이므로 강하게 반발했습니다. 따라서 법가 사상을 따르던 인물들은 기득권층의 반격으로 비참하게 죽임을 당한 경우도 많았습니다.

그러나 이 법가 사상은 진나라를 세운 진시황에 의해 채택되어 전국시대를 통일하는 큰 밑거름이 되었습니다. 그럼 한비자의 법에 대한 설명을 들어 보기로 하겠습니다.

제정된 법은 관청에 명시되고 형벌은 반드시 백성의 마음에 새겨지며, 상은 법을 지키는 자에게 주고 벌은 명령을 어기는 자에게 가해지는 것입니다. 현명한 임금은 법에 따라 사람을 고르도록 하고 자기 임의로 등용하지 않으며, 또한 법에 따라 그 공적을 헤아릴 수 있도록 하고 자기 마음대로 공적을 헤아리지 않습니다.

　능숙한 목수는 눈짐작만으로도 정확하게 먹줄을 맞출 수 있지만 반드시 컴퍼스와 자를 가지고 재는 법입니다. 먹줄을 반듯하게 대면 굽은 나무도 곧게 자를 수 있고, 수준기를 수평으로 놓으면 울퉁불퉁한 표면도 평평하게 깎을 수 있고, 저울대에 추를 걸면 무게를 균형 있게 맞출 수 있고, 되나 말로 분량을 재면 많고 적음을 고르게 파악할 수 있습니다.

　법을 가지고 나라를 다스리는 것은 지극히 쉽습니다. 법은 귀한 사람이라고 하여 아첨하지 않고, 먹줄은 나무가 휘었다고 하여 굽혀 가며 잴 수 없습니다. 법을 적용하는 데 있어서는 지혜로운 자라고 해도 변명할 수 없으며, 용기 있는 사람이라고 해도 감히 다툴 수 없습니다. 지은 죄를 벌하는 데 있어서도 중요한 신하라고 하여 피할 수 없고, 선행을 상 주는 데 있어서도 서민이라고 하여 빠뜨리지 않습니다.

　선왕은 도를 원칙으로 삼고, 법을 근본으로 삼았습니다. 도와 법에 의존하면 모두 안전하지만, 지혜나 재능에 의존하면 실패가 많습니

다. 컴퍼스와 자를 버리고 재주에 맡기거나, 법을 버리고 지능에 맡기면 혼란을 가져오게 됩니다. 그런데도 지금의 신하들은 모두 사사로운 지혜를 내세워 법을 옳지 않다고 하고, 지혜를 옳다고 하여 법을 넘어서 지혜를 앞세우고 있습니다. 이와 같은 일을 금지해야 합니다.

법이란 나라를 다스리는 수단입니다. 그럼에도 법을 경시하게 되면 공적이 이루어지지 못하고, 명성도 이루지 못할 것입니다. 그러므로 현명한 임금은 누구나 다 받을 수 있는 상을 제정하고, 누구나 피할 수 있는 벌을 설정합니다. 이와 같이 된다면 윗사람과 아랫사람이 은혜를 베풀고 사랑하는 정을 맺게 될 것입니다. 이것을 법으로 마음에 가르쳐 주는 것이라고 합니다.

악을 금하려 하면서 법을 쓰지 않는 것은 호랑이를 길들이려 하면서 우리를 이용하지 않는 것과 같습니다. 법을 놓아두고 마음 내키는 대로 통치하면 최고로 훌륭했다는 '요' 임금일지라도 한 개의 나라도 바르게 다스릴 수 없었을 것입니다.

컴퍼스와 자를 놓아두고 아무렇게나 어림잡는다면 제아무리 수레바퀴를 잘 만드는 해중(奚仲)이라도 수레바퀴 하나를 완성할 수 없을 것입니다. 잣대 없이 길고 짧은 차이를 가린다면 뛰어난 기술자인 왕이(王爾)라도 사물을 절반으로 자를 수 없을 것입니다. 반면에 보통의 임금이라도 법을 지키고, 서투른 기술자라도 컴퍼스와 자를 사용한다면, 만에 하나라도 실패가 없을 것입니다.

임금은 백성을 법 이상으로 엄하게 다루지 않고, 법 이하로 가볍게 다루지도 않습니다. 불은 사납게 보이므로 사람이 적게 타 죽고, 물은 만만하게 보이므로 사람이 많이 빠져 죽습니다. 그러므로 법이 만만하게 보여서는 안 됩니다.

이야기 하나: 동안우의 이야기

동안우(董安于)가 군수가 되어 산골짜기를 살펴보게 되었습니다. 산골 물은 깊고 장벽같이 치솟아 깊이가 백 길이나 되었습니다. 그래서 주변 마을 사람들에게 '사람이 일찍이 이곳에 빠진 적이 있는가?' 라고 물어보니 아무도 없다고 하였습니다. 또 '어린아이나 바보, 미친 사람 가운데 일찍이 이곳에 빠진 사람이 있는가?' 라고 물어보니 아무도 없다고 하였습니다.

또다시 '소나 말, 개나 돼지 가운데 이곳에 빠진 것이 있는가?' 라고 물어보니 없다고 하였습니다. 동안우는 깊은 한숨을 쉬며 말했습니다. "나는 능히 백성들을 잘 다스릴 수 있다. 내가 법을 용서하는 일 없이 행사하여 마치 산골 물에 빠지면 반드시 죽게 된다는 것과 같이 엄하게 한다면 사람들이 그것을 감히 범하지 못할 것이다. 어찌 잘 다스리지 못하겠는가?"

3

권세는 나눌 수 없다

 영원히 강한 나라도 없고 영원히 약한 나라도 없다. 나라의 강하고 약한 것은 경영을 어떻게 하느냐에 달려 있다.

—한비자

1 신하를 의심하고 경계해야

시간이 빠르게 흘렀습니다. 일에 바쁜 철민이에겐 정말 눈 깜짝할 사이에 여름 방학이 지나갔습니다.

철민이는 그동안 한 번도 놀러 가지 못했는데 그렇다고 학교 공부를 열심히 한 것도 아닙니다. 주로 공장에서의 일에 매달렸습니다.

요즘 들어 철민이 얼굴에 자주 미소가 번집니다.

'와, 됐어! 공장이 다시 잘되고 있어.'

철민이가 열심히 노력한 덕분에 장난감 공장은 정상으로 되돌아왔습니다. 그만큼 철민이의 마음은 뿌듯해졌습니다.

상품 담당인 최 대리가 사무실로 들어서며 함빡 웃음을 짓습니다.

"공장장님, 이번 가을 신제품도 대성공입니다. 역시 공장장님의 아이디어 덕분입니다."

철민이는 최 대리를 향해 기분 좋게 웃어 보입니다.

"아니죠. 최 대리님 덕분입니다. 그렇게도 열심히 일하셨는데."

"아닙니다. 우리 공장 직원들 모두 한여름을 견디며 정말 열심히 일했습니다. 그러니 가을 제품이 잘 팔려 나가는 거죠. 공장장님, 직원들에게 선물이라도 하나씩 주셔야겠어요."

"그렇게 하십시오. 직원들도 보람을 느껴야 하니까요."

"네."

"최 대리님이 잘 준비해 주세요."

다음 날 저녁 시간이 되었습니다. 강당에는 선물 세트가 그득 쌓였고 일을 마친 직원들이 하나 둘씩 모여들었습니다.

"와, 기막히네!"

"저 선물 세트를 우리 집으로 다 가져갔으면 좋겠어."

직원들은 선물 세트를 쳐다보며 벌린 입을 다물지 못했습니다.

최 대리가 직원들을 정렬시켰습니다.

직원들이 강당으로 다 들어선 것을 확인한 관리 부장이 의젓하게 마이크 앞으로 걸어갑니다. 고릴라 몸이 오늘따라 더 커 보입니다.

"여러분, 그동안 수고 많으셨습니다. 지난여름 상품 판매는 공장 장님의 아이디어와 여러분의 노력으로 인해 아주 좋은 성과를 얻었습니다. 이젠 여름도 끝났고 가을로 접어들었습니다. 여러분, 앞으로도 계속 수고해 주십시오. 그리고 오늘은 그동안의 땀과 노고에 대해 격려하는 마음에서 선물을 하나씩 준비했습니다. 하나씩 들고 가 가족과 함께 풀어 보십시오."

인사말을 마친 관리 부장 앞으로 선물 세트들이 옮겨졌습니다.

"한 명씩 이리로 오세요."

관리 부장이 선물 세트를 하나씩 들어 직원들에게 나눠 주려고 할 때였습니다! 어디에 숨어 있었는지 갑자기 한비가 나타났습니다.

"잠깐만요!"

관리 부장은 한비를 보자 화가 난 듯 그의 가슴을 밀칩니다.

"저리 가요!"

하지만 한비는 물러서지 않습니다. 단단히 벼르고 애써 준비를 하고 온 듯 손에는 검은 장갑마저 끼고 있습니다.

"고릴라님! 아니지, 관리 부장님! 이러지 마세요!"

"왜 또 나타나 회사 일에 관여를 하는 겁니까? 무슨 자격으로요?"

"현재 상황이 오죽하면 제가 이러겠습니까?"

한비는 마이크 앞으로 다가섭니다. 그리고 직원들을 향해 소리치듯 말했습니다.

"여러분! 제 말을 들어 보십시오."

관리 부장이 마이크를 빼앗으려 했지만 한비는 그에 대항하여 앙탈을 부립니다. 마이크를 잡고 얼른 직원들 사이로 들어가며 큰 소리로 말했습니다.

"여러분! 옛날에 한나라의 임금 '소후'가 술에 취해 잠이 들었습니다. 그러자 모자를 담당하는 관리가 걱정을 했습니다. 그는 임금이 추울 것이라 생각하여 임금의 몸 위에 옷을 덮어 주었습니다."

"잘했군요."

직원 중 한 명이 말을 꺼내자 한비는 만족스러워합니다.

"네, 네. 얼마 후 임금이 잠에서 깨어났습니다. 그리고 누가 나에게 옷을 덮어 주었느냐고 물었습니다. 신하들은 모자를 담당하는 관리가 옷을 덮어 주었다고 대답했습니다. 그러자 임금은 모자를 담당하는 관리와 옷을 담당하는 관리를 모두 벌주었습니다. 왜일까요?"

직원들은 숨죽인 채 듣기만 합니다.

"들으세요. 옷을 담당하는 관리를 벌준 것은 자기가 할 일을 게을리 했기 때문입니다. 그리고 모자를 담당한 관리를 벌준 것은 자기의 할 일을 넘어서 분별없는 짓을 했기 때문입니다. 이렇게 자기가 해야 할 일을 게을리 한다거나 자기가 할 일을 넘어서 분별없이 행동을 하면 모두 벌을 받아야지요."

한비는 마땅치 않다는 투로 관리 부장을 쏘아봅니다. 그리고 고개를 돌려 직원들을 향해 계속 말을 이어 갔습니다.

"여러분! 공자 아시죠? 옛날에 공자의 제자인 '자로'가 지방 장관이 되었습니다. 그런데 당시 노나라에서는 오월에 백성을 동원하여 긴 물길을 만드는 사업을 벌였습니다. 여러분도 아시다시피, 공자의 제자인 자로는 선량한 관리입니다. 그래서 자신이 받은 봉급으로 밥을 지어 거리에서 물길을 만들고 있는 일꾼들에게 먹였습니다."

"와, 잘했네요. 관리들 마음씨가 그래야지."

"그런데 공자는 그 소식을 듣고 깜짝 놀랐습니다. 급히 또 다른 제자 '자공'을 시켜 일꾼들이 있는 곳으로 달려가 밥을 쏟아 버리고 그릇을 부수도록 했습니다. 그러자 자로는 화가 나서 공자를 찾아가 따졌습니다. '선생님, 왜 그러십니까? 제가 인의를 행하는데 왜 싫어하십니까? 저는 선생님께 늘 인의를 행하라고 배웠습니다. 그래서 제가 받은 봉급으로 일꾼들에게 밥을 먹이는데 왜 못하게 하시는 것입니까?' 그러자 공자가 뭐라고 했을까요?"

"미안하다고 했겠지요."

"에이, 아닙니다. 공자는 '자로야, 넌 참 어리석은 소리를 하는구나. 잘 들어라. 사랑해야 할 한계를 넘는 것을 침범이라고 한다. 지금 노나라의 임금이 백성을 돌보고 있는데, 네가 멋대로 백성을 사랑한다는 것은 바로 네가 임금을 침범한 것이다'라고 했습니다. 그때 공자의 말이 채 끝나기도 전에 아니나 다를까, 궁궐 관리들이 찾아왔습니다. 그들은 공자를 심하게 꾸짖으며 말했습니다. '임금님이 백성을 동원하여 일을 시키는데 선생이 제자를 시켜 일꾼들에게 밥을 먹였습니다. 그렇다면 장차 임금님의 백성을 선생이 빼앗으려는 것입니까?'라고 말이죠. 아니라고 해 봤자 소용없습니다. 그렇게 의심받는데 어쩌겠습니까. 그래서 공자는 혹시나 역적으로 몰릴까 두려워 부리나케 노나라를 떠나고 말았습니다."

한비의 말을 듣고 있던 관리 부장은 속이 뒤틀리는 모양으로 한비에게 다가섭니다.

"이봐요? 지금 대체 무슨 소리를 하는 겁니까? 내가 역적질이라도 하기 위해 선물 세트를 직접 나눠 준다고 의심하는 거요?"

"어허, 속셈이 들통 났나 봅니다."

"이 사람이 정말!"

화가 난 관리 부장은 한비의 멱살을 잡았습니다. 그러자 직원들이 다가와 가로막습니다.

"제발 이러지들 마세요. 오늘은 기분 좋은 날이잖아요."

"에이!"

관리 부장은 화를 못 참겠다는 듯 강당 밖으로 나가 버립니다.

그것을 지켜본 한비는 회심의 미소를 지으며 철민이에게 다가갑니다.

"자, 공장장님, 이리 오세요."

한비의 정중한 말에 철민이가 앞으로 나갔습니다.

"공장장님께서 선물 세트를 직접 나눠 주십시오. 절대 공장장으로서의 권한을 남에게 넘겨주면 안 됩니다. 사소한 권한일지라도 철통같이 지켜야 합니다. 아시겠어요? 이렇게 말씀드리는 심정을 아시겠냐고요?"

"네, 알겠습니다."

이윽고 철민이가 직접 직원들에게 선물 세트를 나눠 주기 시작
합니다. 선물 세트를 받아 든 직원들은 철민이에게 고마워하며 웃
고 떠들기 바쁩니다.

그런데 철민이가 선물 세트를 나눠 주는 동안, 계속 흐뭇한 미소
를 짓던 한비가 갑자기 의자에서 일어섰습니다.

"아니, 공장장님, 제 것은요?"

"글쎄요. 최 대리님이 직원들 숫자대로만 선물 세트를 준비하셨나 봐요."

"이런! 이런!"

직원들은 각자 선물 세트를 들고 집으로 돌아갑니다. 그런데 한비는 최 대리를 쏘아보고는 빈손을 툴툴 털며 투덜거리면서 강당을 빠져나갔습니다.

최 대리는 그의 뒷모습을 보고 킥킥거리며 웃어 젖혔습니다.

2 위세가 높아진 관리 부장

날이 갈수록 고릴라 관리 부장의 위세는 높아만 갔습니다. 털보 사장의 신임 때문이기도 했지만 그만큼 그의 능력이 뛰어나기도 했습니다.

철민의 사무실 바로 옆에 관리 부장 사무실이 크게 꾸며졌습니다.

"와, 공장장 사무실보다 두 배는 더 크고 호화롭네!"

"관리 부장님은 일을 많이 벌여 놓았기 때문에 이렇게 사무실이

커야 할 거야. 직원들이 자주 들락날락거리니까."

"여기서 내려다보니 공장 안이 훤히 보이네."

직원들이 사무실 앞을 지나치며 한마디씩 합니다.

철민 역시 관리 부장 사무실을 구경하고는 적이 놀라고 말았습니다. 그동안 철민이는 줄곧 자기 사무실에서 아이디어 개발과 연구에만 열중해 왔습니다. 그런데 주변 상황이 많이 변한 것입니다.

뭔가 이상해 보였습니다. 직원들은 2층 사무실 쪽으로 올라오면 대개 관리 부장실로 들어갑니다. 우르르 몰려 들어갔다가 우르르 빠져나오기도 합니다.

새로 온 어떤 직원은 철민이가 공장장인지도 몰랐습니다.

"애들은 집에 가서 공부해야지. 초등학교 시험 날이 얼마 안 남았잖아?"

"네."

"어서!"

철민이는 화를 내는 어느 직원을 피해 부리나케 아래층으로 내려가 숨었습니다. 그러다 직원들이 안 보이는 틈을 타 2층 공장장 사무실로 다시 들어갔습니다.

'휴, 나도 몰라보다니! 하기야 나는 여기서 연구 개발에만 전념했으니 몰라볼 수밖에.'

철민이는 쓸쓸한 기분이 듭니다. 그래서 외삼촌 한비를 떠올리며 오랜만에 직접 고시원으로 찾아갑니다.

어쩐 일인지 한비는 고시원 거실에 누워 있습니다.

"외삼촌!"

"고시원에 들어왔으면 내 자리에 앉아 네 숙제나 하렴."

한비는 여전히 눈을 뜨지 않습니다.

"왜 그러세요?"

"묻지 마라."

"왜 그러시냐고요?"

"아무래도 내가 시대를 잘못 타고난 것 같아서."

"네?"

"철민아, 내가 중국 춘추전국시대나 통일 진나라 시대에 태어났더라면…… 아마 진나라의 재상쯤은 되었겠지. 아니야, 새로운 나라를 일으켜 천하를 호령했을 거야."

"그러셨을 거예요. 풋!"

"사람이란 시대를 잘 타고나야 해. 그리고 자기에게 기회가 주어지면 그걸 잘 잡아 앞으로 박차고 나가야 하는데, 어째 나에게는 그런 기회가 통 주어지질 않는구나. 휴……."

"오늘은 그것 때문에 술이라도 드신 거예요?"

"그렇지, 뭐."

"외삼촌, 그럼 우리 회사에 찾아와서 기회라는 걸 잡으시면 어때요?"

"멍멍멍!"

한비는 누운 채 한쪽 눈을 가늘게 뜨고는 개 짖는 소리를 냅니다.

"멍멍멍! 으르렁 크르렁!"

이번에는 얼른 몸을 일으키고는 사나운 개 흉내를 냅니다.

철민이가 피식 웃음을 흘립니다.

"외삼촌, 왜 그러세요?"

"내가 언젠가 네 공장에 찾아간 적이 있는데 그 이후로 꿈에 자꾸 개가 보이더라. 요즘도 그 개가 으르렁거려 잠을 못 자겠어."

"갑자기 개라니요?"

"내가 책을 하도 많이 읽어서 그런가 봐. 옛날, 송나라에 술을 파는 '장씨'라는 사람이 있었어. 그 집 술은 항상 맛이 있었단다. 그러자 어떤 사람이 하인에게 장씨네 술을 사 오라고 시켰어. 그런데 하인은 장씨네로 가질 않고 다른 집의 술을 사 왔어. 주인이 '왜 장씨네 술을 사 오지 않았느냐?'고 묻자, 하인은 '오늘 장씨네 집 술맛이 쉬었습니다'라고 대답했단다. 개가 술 사러 오는 사람을 물어뜯은 일이 있거든. 그 때문에 술을 사러 오는 사람이 없어 당연히 술이 쉬었다는 거야. 그러므로 장씨네 개를 죽이지 않으면 술이 쉰다고 하는 것이지. 그러니 철민아!"

"네."

"사나운 개와 같은 사람을 미리 물리치지 않으면 장난감 공장 일이 되지 않을 거야."

"에이, 관리 부장님은 그런 분이 아니에요. 외삼촌이 이해를 하셔야 돼요."

"너, 그 사람을 믿니?"

"믿기 때문에 사장님께서 그분에게 큰일을 맡기셨겠지요."

"우리 철민이가 이젠 거짓말까지 하네! 네가 먼저 털보 사장님에게 부탁을 했잖아! 네 스스로!"

"……"

한비는 소리를 빽 지르다시피 합니다.

"그깟 어른들이 뭐가 두렵다고 네 권한을 스스로 관리 부장에게 주도록 한 거니! 내가 그렇게도 말렸는데!"

"공장이 잘되려면 각자 자기 능력에 맞게 역할을 나눠 맡아야 하잖아요. 저로서는 직원 관리가 너무 힘들어요. 반면에 관리 부장님이 그 분야에선 뛰어난 능력을 발휘하실 것 같잖아요."

"그래서? 너는 사무실에 처박혀 연구 개발만 했다는 거냐?"

"학교 숙제도 거기서 했어요."

"쯧쯧쯧……."

"제가 잘못한 건가요?"

"철민아, 방심하지 마라. 절대 회사에서의 권한을 그 관리 부장에게 맡기면 안 돼. 네가 행사해야 할 권한인데 왜 그 사람에게 맡겨? 음식을 먹을 때도 그렇단다. 시고 달고 짜고 싱거운 맛을 자신의 입으로 판단해야 해. 그렇지 않고 요리사에게 결정을 맡기면? 어허! 주방 사람들이 음식을 먹는 사람은 가볍게 보고 요리사를 중요하게 여길 수밖에 없잖니. 마찬가지로, 회사를 경영하는 데 있어 옳고 그름은 네 방식으로 판단해야 해. 왜 다른 사람에게 권한을 넘겨주니? 그럼 어떻게 되겠니?"

"사람들이 그 사람에게 몰려가겠죠."

"이제야 맞는 소리를 하는구나. 앞으로 계속 직원들이 공장장을

가볍게 볼 거야. 반면에 털보 사장이 총애하는 그 관리 부장을 중
요하게 여길 것이야. 그렇게 되면 나중에 어떻게 되겠니? 음흉한
그자에게 모든 권한을 빼앗기는 거지."

"사실, 그렇게 음흉한 사람은 아닌 것 같아요. 관리 부장님
은 공장의 여러 업무를 지휘하는데, 말솜씨가 참 좋아요.
직원들을 설득하는 데도 탁월한 능력을 보이시고

요. 영업도 잘하던걸요. 그래서인지 우리 회사는
계속 발전에 발전을 거듭하게 되었어요."

그 말에 한비는 몸을 벌떡 일으키더니 눈을 부라립니다.

"너 계속 철없는 소리 할래?"

"아, 알겠어요, 외삼촌."

철민이는 곧 수그러듭니다.

공장으로 돌아온 철민이는 관리 부장 사무실을 물끄러미 바라보

았습니다.

'이러다간 내 사무실이 없어질지도 몰라. 내가 없어도 능력 있는 관리 부장님으로 인해 이 회사는 잘 경영될 거야. 그럼 나는?'

철민이는 못내 시무룩해집니다.

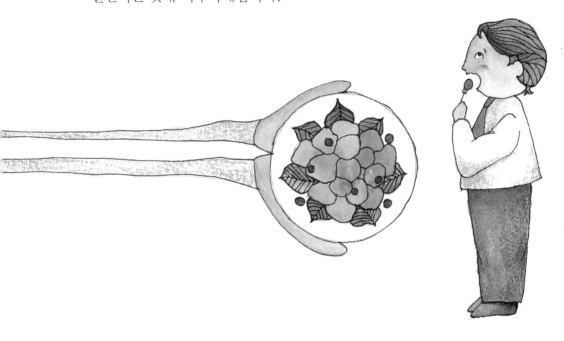

3 견제와 감시

하루가 지나고 또 하루가 지날수록 철민에게서 점차 의욕이 빠져나갑니다. 일하기가 싫어 멍하니 창밖 풍경만 쳐다보기 일쑤입니다. 그러다 실험용 탁자 위에 있는 장난감들을 확 쓸어 떨어뜨리기도 합니다.

'그냥 학교 공부나 열심히 하는 게 좋겠어. 얼마 후 회사를 그만두어야지.'

철민이가 관리 부장을 질투하는 건 아닙니다. 관리 부장을 미워

하는 것도 아닙니다. 단지, 철민이에게 있던 권한이 그에게로 빠져나가자 권한뿐만 아니라 의욕도 그쪽으로 이동한 것만 같습니다. 희망도 그리로 이동합니다. 이런 상태가 계속되다간 철민이 스스로 의욕과 희망을 잃고 털썩 주저앉을지 모를 일입니다.

철민이는 터벅터벅 식당으로 내려갑니다. 먼저 온 관리 부장이 여러 사람과 함께 앉아 있습니다.

"어서 오십시오, 공장장님."

"네."

관리 부장은 공장장인 철민이에게 늘 깍듯했지만 철민이는 여전히 시무룩합니다.

식당 아주머니가 철민에게 음료수를 갖다 주었습니다. 그런데 이 주임이 관리 부장을 향해 아첨을 떨듯 말합니다.

"관리 부장님은 직원들 설득 잘하시고 시간 관리도 잘하십니다. 대단하십니다. 밤늦게까지 회사 일을 챙기시더니 장난감 생산량이 전보다 훨씬 많아졌어요."

"뭘요."

최 대리도 한마디 합니다.

"관리 부장님이 저번에 직원들에게 강의하신 민주주의와 인권에 관한 내용이 참 좋았어요. 우리 회사에서는 직책의 높고 낮음을 따지기보다 여럿이 모여 토론을 하는 일이 더 중요하잖아요. 그 이후로 직원들 사기가 무척 높아졌어요. 공장 내에서의 인권 침해도 많이 없어졌고요."

가만있던 사무실 여직원도 말을 거듭니다.

"암요. 우리 관리 부장님은 나중에 정치를 하셔도 되겠어요. 직장 민주주의론을 펴신 분이니까요. 한번 정치인으로 출마해 보세요. 힘껏 밀어 드릴게요."

철민이는 앞에 앉은 관리 부장을 다시 쳐다봅니다. 한비의 말처럼, 그가 마치 고릴라로 보입니다. 직원들을 다 끌어안고 사는 아주 힘센 고릴라 말입니다. 고릴라 관리 부장이 슬쩍 밀어 버리면 철민이는 의자 아래로 나자빠질 게 뻔합니다. 그래서인지 차츰차츰 그가 두렵게 느껴졌습니다.

철민이는 의자를 조금씩 뒤로 뺍니다.

그런데 한비가 터벅터벅 식당으로 들어왔습니다. 술에 잔뜩 취한 꼴입니다.

"외삼촌, 왜 그래요?"

철민이는 한비를 붙잡고는 자리에 앉힙니다. 한비는 마치 세상을 다 포기한 듯 울상을 짓기만 합니다.

철민의 마음이 더 심란해집니다.

'아주 힘센 장군처럼 찾아와 자기를 도와주면 얼마나 좋을까.'

그런데 한비는 오히려 패잔병처럼 찾아와 쓰러지듯 앉았습니다.

"왜 그러시냐고요?"

한비가 한쪽 눈만 가늘고 뜨고 철민이를 쳐다봅니다. 그리곤 눈을 꼭 감았다 다시 뜹니다.

"너, 이 외삼촌에게 꼭 그렇게 물어야 되겠냐?"

"네?"

"오늘이 무슨 날인지 알고나 있는 거야? 이 외삼촌에게 너무나 무심하구나."

철민이는 고개를 돌립니다.

"아…… 생일인가요?"

"생일 같은 소리…… 오늘이 바로 고시 합격자 발표 날이잖아!"

그 말에 관리 부장이 음료수를 마시던 입을 다뭅니다. 그러다 참지 못하겠는지 웃음소리를 크게 내고 맙니다.

"풋! 으하하하."

"왜 그러십니까?"

"아니오. 그냥 여기 있는 이 음료수나 마셔요. 용기를 내시라고요."

한비는 관리 부장을 불쾌한 시선으로 쳐다보았습니다.

"아니, 관리 부장님은 내가 고시에서 또 떨어졌다는 게 그리도 통쾌하십니까?"

"당신 원래 공부 안 했잖소."

관리 부장의 말에 한비는 넋 나간 꼴이 되고 맙니다. 술 취한 몸을 간신히 일으켜 세우고는 밖으로 나가려 합니다. 그러다 뒤돌아섰습니다.

"난 이 회사 일로 너무 바빴소. 통 공부할 시간이 없었다는 거 관리 부장님도 잘 알잖소."

"네, 압니다. 알고말고요. 너무 바빴죠. 직원도 아니면서……."

그런 말을 듣고 그냥 고시원으로 돌아갈 한비가 아닙니다. 다시 터벅터벅 돌아와 관리 부장 앞에 앉더니 한참을 쏘아봅니다.

"내 눈에는 당신이 이 회사를 망치고 있는 것으로 보입니다."

"뭐요?"

한비는 작심을 하고 온 듯 관리 부장에게 다가앉았습니다. 가슴 속에 감추어 둔 말이 너무 많은 한비입니다.

"그러니까 관리 부장님! 말재주로 세상을 속이지 마세요. 직원들의 인기를 독차지했다고 독선을 부리면 안 됩니다. 실제적인 것을 정확히 재 보지도 않고 겉으로 드러난 것만으로 칭찬하는 것은 옳지 않습니다. 이것이야말로 공장장 철민이가 오래도록 속임을 당하는 까닭이지요. 그리고 말주변에 능한 관리 부장님이 계속 봉급을 받고 있는 이유입니다."

"영 못 듣겠군."

관리 부장이 음료수 캔을 쟁반에 던지듯 놓고 일어섭니다.

"공장장님, 저는 이만 퇴근하겠습니다."

관리 부장은 한비를 잠시 쏘아보고 그대로 식당을 나갔습니다. 최 대리도 이 주임도 관리 부장을 따라 나갔습니다. 사무실 여직원 역시 한비를 향해 혀를 날름 빼 보이고는 관리 부장을 따라 나갔습니다. 식당 아주머니도 뒤질세라 어딘가로 사라져 버렸습니다.

식당엔 이제 철민이와 한비만 남았고 주변은 더없이 쓸쓸해졌습니다.

"오늘은 그냥 저희 집으로 가요."

"그래, 이젠 고시원 하면 넌덜머리가 난다."

"그럴 거예요."

늦은 저녁 시간에 철민이네 집에 도착한 한비는 거실에 벌렁 누워 버립니다. 철민이가 방으로 끌고 가려 했지만 소용없습니다.

철민이는 얇은 이불을 가져와 거실에 누워 있는 한비에게 덮어 줍니다.

잠시 후, 철민이는 자기 방으로 들어옵니다.

잠을 자려고 누웠지만 잠이 안 옵니다. 부리나케 숙제를 했습니다. 숙제를 마치자마자 장난감 신제품 개발에 들어갔습니다. 아이디어를 종이에 하나씩 적어 나가기 시작했습니다.

늦은 밤이었습니다. 책상에 그냥 엎드려 자고 있는 철민이를 깨우는 손이 있었습니다.

"철민아!"

"으흠…… 누구세요?"

"외삼촌이다. 엄마 아빠는 바쁘신지 아직도 안 들어오셨어."

"그런데 왜요?"

한비는 간이 의자를 가져와 철민이 옆에 앉았습니다.

"내가 꿈을 꾸었어. 너에게 그 꿈 이야기를 해 주마."

"네, 들려주세요."

"그러니까, 중국 제나라 때의 일이란다. 아니지!"

한비는 갑자기 말을 멈추고 우물쭈물하였습니다.

"넌 그냥 자라. 내가 꿈속으로 들어가 제나라 왕 '환공'에게 꼭 해 주어야 할 말이 있으니."

한비는 철민의 방을 나갔습니다. 그리고 거실에 엎어져서는 억지로 잠 속으로 빠져 들어갔습니다. 한비가 꾸는 꿈은 늘 진지하고도 치열합니다.

꿈속에서 한비가 찾아간 곳은 중국의 제나라입니다.

궁궐 안을 둘러보니 제나라 왕 환공이 근엄하게 앉아 있습니다. 그런데 환공은 관중(管仲)을 스승으로 삼으려는 생각을 갖고 신하들에게 말을 꺼냅니다.

"내가 앞으로 관중을 스승님으로 모시고자 하노라. 그러니 내 의견에 찬성하는 사람은 왼쪽에 서고 반대하는 사람은 오른쪽에 서도록 하라!"

신하들이 일어나더니 각기 찬성과 반대쪽으로 갈라섰습니다. 그런데 동곽아만큼은 가운데로 가 서는 것입니다.

환공이 물었습니다.

"어허, 내가 찬성하는 사람은 왼쪽에, 반대하는 사람은 오른쪽에 서라고 했는데 그대는 왜 가운데에 서 있는가?"

동곽아는 얼굴을 들더니 오히려 환공에게 물었습니다.

"폐하, 관중의 지혜가 천하를 도모할 수 있다고 생각하십니까?"

"그럴 수 있다고 생각하노라."

"폐하, 관중이 결단력을 가지고 큰일을 성사시킬 수 있다고 생각하십니까?"

"있다고 생각하노라."

"폐하는 관중의 지혜가 천하를 도모할 수 있고, 관중의 결단력이 큰일을 성사시킬 수 있다고 하셨습니다. 그런데 폐하께서 국가 권력을 온통 그에게 맡기신다면 어떻게 되겠습니까? 관중의 능력으로 그가 제나라를 다스리게 될 터인데 위험하지 않겠습니까?"

환공은 동곽아의 말을 듣고 고개를 끄덕였습니다.

그때 철민의 외삼촌 한비가 나서며 말했습니다.

"폐하, 다른 사람을 세워서 관중을 견제하도록 하옵소서."

환공이 한비를 쳐다보며 또다시 고개를 끄덕였습니다.

"옳은 말이도다. 나의 권력을 관중이 휘두르도록 하는 것은 위험스럽도다. 그러니 그의 지혜를 빌려 쓰되 한비의 말대로 사람을 시켜 관중을 견제하고 감시하도록 하겠노라."

"황공하옵니다, 폐하."

한비가 벌떡 일어섰습니다. 잠에서 덜 깬 한비는 일어서자마자 후닥닥 철민의 방으로 들어갔습니다.

"공장장님께서는 무엇을 걱정하십니까? 공장장님께서 직원들을 직접 다스려야 하옵니다. 부디 현명한 사람을 가까이하고 어리석은 자를 멀리하시옵소서."

그 말을 마친 한비는 곧장 쓰러져 잠이 듭니다.

철민이는 빙그레 웃고는 자고 있는 한비에게 이불을 덮어 주었습니다.

한비자의 통치 체계-법·술·세

　한비자는 체계적인 통치의 방법을 법, 술, 세로 설명했습니다.

　법은 오늘날의 실정법에 해당되는 성문화한 법률을 가리킵니다. 성문법은 기원전 535년 정나라의 재상 '자산'이 처음으로 형서(刑書)를 솥에 새겨 제정, 공포한 것이 최초입니다.

　술은 임금이 신하를 통제하는 권모술수이며 일종의 정치 기술입니다. 임금 자신이 마음속에 깊숙이 간직하여 남에게 보이지 않도록 하는 일이 긴요합니다. 임금의 생각이 겉으로 드러나 보이면 신하가 거기에 영합하여 임금의 눈을 현혹시킵니다.

　세는 힘, 즉 권력입니다. 이는 정치적 지위로 결정되는 권세를 말합니다.

　그는 법가 이론의 선구 정치 사상가인 '상앙'의 법과 '신불해'의 술과 '신도'의 세 논리를 계승하여 수정을 가하고 새로운 체계로 집대성하였습니다. 이번 장의 철학 돋보기에서는 권세에 대한 한비자의 설명을 들어 보도록 하겠습니다.

법과 권세의 자리

임금이 어찌 신하와 권세를 함께 가지고 다스릴 수 있겠습니까? 임금이 또 어찌 신하와 권세를 함께 가지고 공적을 이룰 수 있겠습니까? 수레를 잘 모는 왕량과 조보로 하여금 수레를 함께 타게 하여 각자 한쪽 고삐를 잡고 문 안으로 들어오게 한다면 분명히 수레를 끌 수 없어 길을 가지 못할 것입니다. 가야금을 잘 연주하는 두 사람으로 하여금 각자 줄 하나를 뜯어 소리를 내게 한다면 반드시 소리를 내지 못해 곡이 이루어지지 않을 것입니다.

임금이 되어 신하를 누르지 못하고 자신을 누르는 것을 가리켜 '협박받는다'고 하고, 신하를 바로잡지 못하고 자신을 바로잡는 것을 가리켜 '어지러워진다'고 하며, 신하를 절약하게 하지 못하고 자신이 절약하는 것을 가리켜 '가난하다'고 합니다.

현명한 임금이 나라를 다스리는 것은 그 권세에 달려 있습니다. 그렇다면 손상을 입거나 침해를 당하지 않는 것은 왕의 의지에 달려 있을 따름입니다.

그러므로 신불해는 이렇게 말했습니다.

"법술을 놓아두고 신하의 말을 믿으려 한다면 당혹할 것이다. 다스리는 일에 있어 각자 자신이 맡은 직분을 넘지 말며, 비록 알더라도 말하지 말라."

　현인이면서 어리석은 자에게 굽히는 것은 권세가 가볍고 지위가 낮기 때문이고, 어리석은 자이면서 현인을 복종시키는 것은 권세가 무겁고 지위가 높기 때문입니다. 권세나 자리는 의지하기에 충분하며 현명함과 지혜로움은 우러르기에 부족하다는 것을 알 수 있습니다.

　현인과 권세가 서로 받아들일 수 없다는 것은 또한 분명한 일입니다. 활이 약한데도 화살이 높이 나는 것은 바람에 부딪치기 때문입니다. 그러므로 현명함과 지혜로움은 백성을 복종시키기에 부족하며, 권세나 자리는 현자를 굽히도록 하기에 충분합니다.

　백 일 동안 먹지 않고 좋은 쌀과 맛있는 고기를 기다린다면 굶은 자는 살지 못합니다. 만약 요임금이나 순임금 같은 현명한 사람을 기다려서 지금 세상의 백성을 다스리려 한다면 이는 마치 좋은 쌀과 맛있는 고기를 기다리느라 억지로 굶주리는 것과 같습니다. 마찬가지로 옛날의 말 잘 몰던 왕량을 기다리기보다는 좋은 말과 단단한 수레를 오십 리마다 하나씩 두고 중간 실력 정도의 마부로 하여금 말과 수레를 부리도록 하면 빠르게 먼 곳에 이르고자 하는 뜻을 이룰 수 있어 하루에 천 리를 갈 수 있을 것입니다.

　법을 지키고 권세의 자리에 있으면 다스려지고, 법을 어기고 권세의 자리를 버리면 어지러워집니다.

4

경영 실습

눈으로 본 것만으로 사물을 판단할 수 있다고 생각하지만 눈에 비치는 것은 적다. 그래서 견식이 넓고 바르지 못하다. 눈에 비치지 않는 것까지도 꿰뚫어 보는 밝음이 필요하다.

—한비자

1 전성시대가 왔다

장난감 공장은 나날이 발전을 거듭했습니다. 그와 더불어 철민이네 집은 큰 부자가 되었습니다. 하지만 엄마에겐 근심거리가 하나 있었습니다. 바로 엄마의 동생, 한비입니다.

"외삼촌이 공부를 더 열심히 해서 다음 시험엔 꼭…… 사실, 걱정이에요."

"나이를 먹었는데, 취직도 해야 하고 장가도 들어야 하잖니. 외삼촌이 언제까지나 고시 공부에만 계속 매달릴 수도 없고."

"그러게 말이에요."

"네 외삼촌도 사실 적절한 기회를 못 만나 저렇게 방황하는 거야."

'오!'

지금까지 줄곧 방문 뒤에서 식탁 쪽을 살피던 한비의 얼굴에 눈물이 주르륵 흐릅니다.

'사람은 시대를 잘 타고나야 하고 기회를 잘 만나야 크게 포부를 펼칠 수 있는 것이다.'

한비가 친구들에게 자주 하던 말입니다. 그리고 예전에 누나인 철민이 엄마에게도 해 준 적이 있습니다.

철민이는 밥 먹던 수저를 놓았습니다. 그리고 천천히 일어나 집을 나섰습니다.

공장 사무실에 도착한 철민이는 간부 직원들을 불러 모았습니다.

"무슨 일입니까?"

"제 외삼촌 때문에 그러는데요. 우리 회사에 취직을 좀 시켜야겠어요."

"네? 뭐라고요?"

관리 부장은 놀란 표정을 짓더니 얼른 얼굴을 돌렸습니다.

최 대리는 줄곧 고개를 떨어뜨린 채입니다.

"고개 좀 드시고 말씀해 보세요."

최 대리는 고개를 들다 말고 다시 내렸습니다.

관리 부장이 불쾌한 표정을 애써 감추며 말했습니다.

"그 한비 씨는 생각하는 게 요즘의 가치관하고 많이 동떨어져 있습니다. 만날 진시황 시절 이야기나 하고 자기가 마치 진시황이라도 되는 줄 아는 모양입니다. 현실과 동떨어진 채 과거의 책 속에 파묻혀 살고 있다는 얘기죠. 지금이라도 현실을 올바로 깨우쳐 주어야 합니다. 그러니 한비 씨를 입사시키면 우선 생산직 말단에서 일을 시켜야죠. 공장장님, 제가 책임지고 한비 씨를 제대로 된 사람으로 만들어 놓겠습니다. 한비 씨에게 이 시대정신에 맞는 올바른 가치관을 심어 주겠습니다."

"하지만 그게 아니니까 제가 고민을 하는 거죠."

최 대리가 말문을 열었습니다.

"관리 부장님 말씀대로, 생산직 말단에서부터 일을 시작하여 차츰차츰 승진을 하는 게 가장 흔한 방식이고 올바른 직장 생활입니다."

"하지만……."

오래도록 고민을 거듭하던 철민은 간부 직원들에게 나가라고 말했습니다. 그리고 자신은 출장을 간다며 공장을 나왔습니다.

철민이가 곧장 찾아간 곳은 서울 본사입니다.

철민이는 털보 사장을 만나자마자 심각하게 말을 꺼냈습니다.

"사장님도 소문으로 들으셨을 줄 압니다."

"무슨?"

"저에겐 외삼촌이 한 분 계신데……."

"풋!"

털보 사장의 근엄한 얼굴이 순식간에 우스꽝스럽게 변했습니다. 아예 얼굴을 돌리고 웃어 버립니다.

철민이는 빠르게 말을 이었습니다.

"엄마 말씀이, 시대를 잘못 타고나서 외삼촌이 그렇게 방황하시는 거랍니다. 외삼촌도 적절한 기회가 생기면 사나이로서 큰 포부를 마음껏 펼칠 수 있다고 해요. 제가 생각해도 그런 것 같아요."

"뭐라고? 철민이는 공장장으로서의 일이나 열심히 하지 그래?"

"제 일도 열심히 하겠습니다만, 눈이 오나 비가 오나 10년 넘게 법률 공부를 하신 제 외삼촌께 기회를 한번 주십시오."

털보 사장은 철민이가 자기를 찾아온 이유를 금방 알아차렸습니다. 외삼촌을 취직시켜 달라는 부탁인데, 털보 사장으로서는 그리어렵지 않은 일입니다. 그런데 철민이는 아주 뜻밖의 말을 꺼냈습니다.

"사장님, 제 외삼촌에게 공장을 경영하는 자리를 주십시오."

"뭐?"

털보 사장으로서는 너무 놀라 입이 떡 벌어질 지경입니다.

"제발! 딱 한 달간만이라도……."

"철민이 너 미쳤구나. 경비원 자리라면 몰라도."

하지만 철민이는 물러서지 않고 애써 준비해 둔 말을 꺼냅니다.

"제 부탁을 안 들어주시면……."

"안 들어주면? 네가 어쩔 건데?"

"공장장을 그만두고 그저 학교 공부나 열심히 하렵니다."

"뭐? 이런! 이런!"

"공부를 열심히 해서 전교 1등을 해 보렵니다."

"이런! 너 없으면 우리 회사가 안 되는 것 알잖니?"

"제 부탁을 들어주십시오. 사장님, 제 외삼촌에게 공장을 경영할 수 있는 자리를 주십시오. 사나이로서의 포부를 마음껏……."

"이 녀석이 아버지뻘 되는 나에게 아예 협박하다시피 하네!"

"그럼, 이제 그만 집으로 가 보겠습니다."

철민이가 일어서자 털보 사장이 급하게 붙잡았습니다. 털보 사장으로서는 꼬마 공장장 철민이가 없으면 앞으로의 장난감 사업에 막대한 차질이 생깁니다.

"그럼 철민아, 네 뜻대로 하거라. 하지만 딱 한 달간만 상무를 시켜 보는 거다."

그 말에 철민이는 아차 싶었습니다.

"석 달간 하면 안 될까요?"

그 말에 털보 사장은 버럭 화를 냈습니다.

"안 돼! 무조건 딱 한 달간 상무로 일을 시켜 보고 경영 성적이 조금이라도 나빠지면 무조건 해고야!"

"알겠습니다. 그대로 전하죠."

철민이는 웃으며 집으로 돌아올 수 있었습니다.

"외삼촌!"

철민이는 거실에서 혼자 술을 마시고 있는 한비를 보자마자 소리쳤습니다. 너무 기쁜 소식을 전해 주자니 철민이 가슴이 더 떨릴 정도입니다.

"외삼촌, 이제부터 외삼촌의 큰 포부를 펼쳐 보세요. 우리 공장을 한번 경영해 보시라고요."

"뭐?"

"정말이에요. 딱 한 달간만 상무로 일하세요. 나중에 진짜로 삼촌 일을 하시게 될 때 큰 도움이 될 거예요. 그렇지만 경영 성적이 조금이라도 떨어지면 언제든 그만두시게 될 겁니다."

"음, 그래. 고맙다. 조카에게 이렇게 큰 도움을 받는 것이 한편 부끄럽기도 하지만 네 진심을 생각해서라도 한번 열심히 해 보마!"

한비는 후딱 일어나더니 창밖을 향해 기지개를 켭니다.

2 독재자 한비

다음 날 아침 한비는 해가 뜨기도 전에 장난감 공장으로 갔습
니다.

'나에게는 아침밥 먹을 시간도 없어!'

한비의 직책은 상무입니다. 관리 부장보다 윗사람이고 공장장
철민이보다는 아랫사람입니다. 장난감 공장에서의 2인자입니다.

한비는 거울 앞에서 옷매무새를 고치고는 얼굴 표정까지 점검했
습니다. 갑자기 근엄하고도 엄격한 사람으로 변했습니다. 한비 스

스로도 자기 얼굴을 보며 놀랄 정도였습니다.

이윽고 한비는 간부 직원들의 안내를 받으며 강당으로 들어갔습니다. 이미 직원들이 모두 줄지어 서 있습니다.

관리 부장이 예의 바른 태도로 한비를 단상 마이크 앞으로 안내합니다.

어제의 한비가 아닙니다. 직원들에게 하는 첫 인사말부터 근엄하기 이를 데 없습니다.

"여러분, 안녕하십니까. 이 회사 상무로서 첫 인사를 드립니다."

박수 소리가 요란하게 강당을 울렸습니다.

"어흠, 제가 여러분에게 먼저 당부 드리고 싶은 바는, 우리 모두 개혁을 해야 한다는 것입니다. 저 자신도 그렇고 여러분 역시 스스로 개혁의 선봉에 서야 합니다. 그렇지 않고는 이 시대에 발전은커녕 도태될 수밖에 없습니다."

한비는 물을 한 컵 마셨습니다.

"여러분, 옛날 정나라의 어떤 사람이 신발을 사야겠다고 생각했습니다. 그래서 시장에 가기 전에 자기 발의 크기를 실로 재고는 그것을 방에 놓아두었습니다. 그런데 시장에 갈 때 깜빡 잊고 실을 놓고 간 것입니다. 시장에 가서 자신에게 맞는 신발을 구하고 나서야 그 생각이 났습니다. '아차, 내가 발바닥을 잰 실을 집에 그냥 놓고 왔구나!' 그 사람은 허겁지겁 집으로 돌아가 실을 다시 가지고 왔습니다. 그런데 때가 늦어 시장이 모두 문을 닫은 후였습니다. 그래서 신발을 살 수 없었답니다."

"와하하하."

"웃기지요? 하지만 여러분들 스스로도 자신이 이렇게 어리석지 않은지 되돌아보아야 합니다."

"뭐요? 나 원 참!"

여기저기서 불평 소리가 터져 나왔습니다.

하지만 한비에겐 세심하게 준비해 둔 말이 있었습니다.

"스스로 어리석음과 게으름에서 깨어나라 이 말입니다! 그리고 이 회사를 위해 어떻게 헌신할까를 생각해 주십시오. 회사가 발전해야 그 혜택이 여러분에게 돌아가게 됩니다. 회사가 발전해야 여러분의 집안도 자연스레 발전하게 됩니다. 그러므로 강한 정신력으로, 냉철한 목표를 갖고 힘차게 전진합시다! 제가 앞장서겠습니다! 여러분!"

다행스럽게도 박수 소리가 간간이 들렸습니다.

"상무님, 첫 인사말 정말 잘하셨습니다. 훌륭하십니다."

"으흠, 어서 일해야지요."

상무가 된 한비는 출근 첫날부터 정말 열성이었습니다. 경영 노트에 꼼꼼하게 정리해 온 대로 공장의 사소한 일까지도 점검했습니다.

한비는 근무 첫날 점심도 먹지 않았습니다. 한시도 자리에 앉아 있질 않고 이리저리 뛰어다니며 직원들을 지휘하고 감독했습니다.

며칠 후, 한비는 간부 회의를 소집해 회사 내의 규칙을 무척 엄격하게 고쳤습니다.

"상무님, 이런 규칙은 안 돼요."

관리 부장이 규칙 내용을 살펴보며 항의를 했습니다.

"으흠, 회사 발전을 위해 규정한 것입니다."

"근무 시간에는 무조건 일을 해야 한다? 잡담을 해서도 안 되고 화장실에 가서도 안 된다? 청소 상태가 좋지 않으면 그 부서 전체를 징계할 수 있다? 그리고 경영자의 말을 듣지 않으면 회사의 발전을 위해 퇴사를 명령할 수 있다?"

"그만하고 어서 나가 일 보세요!"

"그리고 전 직원이 참여하는 배구 대회를 취소하고 그날도 일을 하라고요? 배구 대회는 연초에 정해진 약속이고 전 직원이 눈이 빠지게 기다리는 날입니다."

"나가라고요! 어서!"

한비는 관리 부장에게만큼은 더없이 근엄하고도 엄격했습니다. 한비에게 눈엣가시나 다름없는 관리 부장이니, 장차 그를 내쫓을 생각도 하고 있었습니다.

다시 보아도, 툴툴거리며 사무실을 나가는 그가 너무 못마땅했습니다.

'두고 봐라!'

한비는 잠시도 앉아 있을 틈이 없었습니다. 간부 회의를 마치자마자 공장으로 내려가 이것저것 살피고 점검하기 바빴습니다.

공장장 철민이는 열성적으로 일을 하는 한비를 보고는 만족스러워했습니다. 예전엔 우스꽝스럽기까지 했던 한비였는데 이제는 많이 달라졌습니다. 한비가 스스로 밝힌 대로, 계급장과 완장 때문이랄 수 있습니다.

며칠이 지나면서 한비의 근무 성과가 조금씩 드러났습니다.

"상무님, 대단하십니다. 공장 직원들이 정말 열심히 일을 해요. 성과가 무척 좋아요."

"모두 회사 발전을 위해서 헌신했기 때문입니다."

상무 한비는 공장장 철민이에게 무척 깍듯했습니다.

"아침에 사장님 전화를 받았는데요. 사장님이 상무님을 많이 칭찬하셨어요."

"으흠."

한비는 아예 꼭두새벽부터 회사에 나와 일을 했습니다. 늘 지휘봉을 들고 다녔고 출근하는 직원들을 일일이 살펴보며 호통을 치곤했습니다.

"규칙을 지키지 않으면 퇴사시킬 거요!"

"네, 앞으로는 잘 지키겠습니다."

한비는 저녁때가 지나 직원들이 모두 퇴근한 시간에도 혼자 남아 회사를 계속 지켰습니다.

"그 야전 침대를 여기에 설치해 놓으세요."

"네? 사무실 앞인데요?"

"여기가 지휘하기 가장 좋은 장소입니다."

상무의 사무실 앞에는 전쟁터에서나 사용되는 침대가 설치되었습니다. 이어 법률 책들이 잔뜩 쌓였습니다. 무전기도 놓였습니다.

낮에는 늘 직원들을 지휘하고 감독하는 한비. 오밤중이 되어서야 야전 침대에서 잠시 눈을 붙이는 게 전부입니다. 혹시나 개 짖

는 소리라도 들리면 벌떡 일어나 그 개를 쫓아다니기도 했습니다.

그런데 한비가 상무가 된 지 보름 정도 지나자 직원들 사이에서 수시로 불평불만이 터져 나왔습니다.

"쳇! 우리는 매일 감시받고 사는 거야. 너무 힘들어."

"글쎄 말이야. 상무님 앞에 서면 아무 잘못도 없는데 마치 죄인이 된 기분이라니까."

날이 갈수록 불평불만은 더해 갔습니다. 근무 시간 틈틈이 휴게실에 직원들이 모이면 으레 한비에 대한 흉을 늘어놓습니다.

"상무님은 완전히 독재자라니까. 어제는 지휘봉을 내 코앞에 대고 협박하듯이 말하는 거야."

"아니, 털보 사장님은 하필 그런 사람에게 공장 경영을 맡겼는지 모르겠어. 쳇! 관리 부장님이 훨씬 인간적이고 좋은데."

"어제는 상무님이 우리에게 뭐랬는지 알아? 회사가 잘 다스려지고 발전하는 것은 법을 냉정하게 지키는 데서 생긴대. 엄격하고

철통같이. 그리고 회사가 약해지고 어려워지는 것은 법이 지켜지
지 않는 데서 생긴다는 거야. 그러면서 우리들을 마치 죄수나 하
인 대하듯 취급하는 거 있지. 나 원 참!"

직원들의 불평불만은 곧바로 빈정거림으로 이어졌습니다.

"상무님 말씀대로라면, 법 집행이 확실해야 백성들이 두려워하
고 나라가 바로 선다는 거야. 세상에! 자기 명령에 제대로 따르지
않으면 내 목이라도 베려나? 정말 웃겨!"

"쉿! 저기 상무님이다!"

한비가 보이자 휴게실의 직원들은 우르르 공장으로 달려갑니다.
그것을 발견한 한비는 지휘봉을 든 채 악착같이 그들을 뒤쫓아 갑
니다.

"거기 서세요! 근무 시간에 휴게실로 와 쉬다니!"

한비는 공장 안으로 따라 들어갑니다. 그리고 휴게실에서 불평
불만을 늘어놓던 네 사람을 하나씩 잡아냈습니다.

"여기 네 사람은 당장 퇴사하시오!"

한비의 목소리는 더없이 날카로웠습
니다. 공장에서 팀장을 맡고 있는 빨
간 모자가 다가오며 말했습니다.

"상무님, 이건 너무하십니다. 열심히 일하던 직원들이 잠시 쉬러 왔을 뿐인데요."

"규칙을 어겼으니 규칙대로 퇴사를 명령하는 거요. 이건 철회할 수 없소!"

한비의 단호한 말에 빨간 모자의 얼굴은 창백해집니다.

"상무님, 직원들의 작은 실수나 잘못은 그냥 봐줄 수도 있는 것 아닙니까? 저 사람들을 퇴사시키는 건 너무해요. 공장에서도 일손이 부족한데……."

하지만 한비는 자신의 말을 취소할 사람이 아닙니다. 한비는 빨간 모자를 쏘아보며 말했습니다.

"내 말 잘 들으시오. 옛날 중국 은나라 법에는, 길거리에 재를 버린 사람을 무겁게 처벌하도록 되어 있어요. 어떤가요?"

"길거리에 재를 버리는 것은 사소한 일인데요?"

"맞소. 공자의 제자인 '자공'은 그런 법이야말로 너무 심하다 생각하여 공자에게 물었습니다. 그러자 공자는 '그 법은 사람 다스리는 일을 잘 터득한 법이다. 길거리에 재를 버린다면 다른 사람에게 피해를 줄 수 있으므로 처벌해도 된다. 더욱이 무거운 벌로 처벌하는 게 좋다' 라고까지 말했습니다."

"재를 버리는 걸 무거운 벌로 처벌한다고요?"

"들어 보세요. 길거리에 재를 버리지 않는 것은 사람들이 실천하기 쉬운 일입니다. 그렇게 실천하기 쉬운 일을 무거운 벌로 처벌해야만 차후 더 나쁜 죄로 빠져 들지 않겠지요. 그렇지 않습니까? 이런 이치 때문에 그 법이 훌륭한 법이라 이 말입니다."

"참 내! 그렇다고 근무 시간에 휴게실에서 잠시 쉰 일을 가지고 퇴사라니요? 그럼 저 사람들 가족은 앞으로 어쩌라고요?"

"다 회사의 발전을 위해서입니다."

한비의 단호한 말에 빨간 모자는 할 수 없다는 듯 고개를 숙입니다.

"좋아요. 앞으로 법과 규칙을 잘 지켜 회사를 발전시킬 테니 이번 한 번만 용서해 주십시오."

"안 됩니다!"

한비는 냉정하게 손을 저었습니다. 그러자 빨간 모자가 발끈했지만 한비는 물러서지 않았습니다.

"잘 들으세요. 옛날 초나라 남쪽 땅 여수의 물속에서 금이 많이 나왔습니다. 그래서 사람들이 몰래 금을 캐 갔습니다. 그로 인해 관가에서는 몰래 금을 캐다가 붙들리는 자를 죽여 시장에 매달아

놓았습니다. 그래도 사람들은 몰래 금을 캐 가는 일을 멈추지 않았습니다. 붙들리면 사형을 시키는데도 말이죠. 왜냐? 몰래 금을 훔칠 때, 혹시 붙들리지 않을 수도 있다고 생각했기 때문입니다. 그 혹시나 하는 마음."

한비의 말을 듣던 빨간 모자의 얼굴빛이 하얗게 변해 버렸습니다. 허탈해 하는 마음이 얼굴에 그대로 나타났습니다.

"지금 당장 이 회사를 그만두겠습니다."

빨간 모자뿐만이 아닙니다. 한비의 말을 들은 공장 직원들 모두 일손을 놓고는 터벅터벅 다가왔습니다.

"상무님, 저도 그만두겠습니다."

"저도 다른 회사를 알아보겠어요."

"나 원 참! 내가 왜 이런 회사를 다녔나 몰라. 당장 그만두어야지."

한비는 그들을 하나하나 쳐다보았습니다. 그러다 냉정하게 뒤돌아섰습니다.

"난 내가 한 말을 취소한다거나 법을 어긴 직원들을 설득할 필요를 못 느낍니다!"

한비는 단호하고도 냉정했습니다. 그렇게 흔들림 하나 없는 걸음걸이로 2층 사무실을 향해 올라갔습니다.

3 조화로 다스리는 법

2층으로 올라간 한비는 자기 사무실로 들어가지 않았습니다. 사무실로 들어가다가 슬쩍 직원들 시선을 피해 옆 복도로 숨었습니다.

'큰일이야!'

한비가 회사 뒷담을 넘어 곧장 찾아간 곳은 고시원입니다.

유가가 책상 아래에서 태평스레 낮잠을 자고 있었습니다.

한비는 얼른 유가를 깨웠습니다. 그런데 유가는 잠꼬대를 하는

척 한비에게 힘껏 발길질을 했습니다.

"어, 이 자식 봐라?"

"아, 누구야? 쩝. 왜 그래?"

한비는 유가를 간신히 일으켜 세우고는 복도로 데리고 나왔습니다.

"유가야, 큰일 났다. 우리 직원들이 나에게 집단적으로 반발하는 거야. 반란이나 마찬가지이지."

유가는 눈을 끔뻑거립니다.

"너 딱 한 달간만 거기 상무하기로 했잖아?"

"허, 물론 그렇지. 하지만 잠깐이라도 나는 제대로 해 내고 싶어."

"그런데?"

"한 달도 못 되어 쫓겨나게 생겼으니까 너에게 조언을 구하러 온 거지."

한비는 유가를 데리고 길로 나왔습니다. 나무가 많은 곳으로 들어갔습니다. 그리고 풀숲을 헤치며 장난감 공장 뒤쪽으로 살금살금 다가갔습니다.

나무 뒤에 숨은 채 살펴보니, 공장 벽에 페인트 글씨가 많이 쓰여 있었습니다. 흉악스러운 글씨들이었습니다.

'세상에서 제일 못난 상무는 스스로 물러가라!'

'우리에게 독재자는 필요 없다!'

'직원들이여! 단결하자! 우리 모두 이 회사를 떠나자!'

유가는 쯧쯧쯧 혀를 차더니 한비의 뒤통수를 툭 쳤습니다. 생각할수록 한심스러운 모양입니다.

"저게 무슨 꼴이냐?"

"그러지 말고 나 좀 도와줘."

아무래도 그대로 공장 안으로 들어갔다간 무슨 망신을 당할지 모릅니다. 성난 직원들에게 얻어맞기라도 한다면? 생각할수록 큰일이었습니다.

"쯧쯧쯧. 불쌍하구나! 장난감 공장에 들어가 저런 꼴이나 당하고 있다니! 직원들이 모두 너 물러나라잖아. 오죽 네가 독재자처럼 행세했으면 선량한 공장 직원들이 저러겠냐?"

유가는 한 번 더 한비의 뒤통수를 쳤습니다. 그래도 한비는 화를 내지 않고 불평조차 없습니다. 그럴 처지가 아니었습니다.

"유가야, 도와줘."

"그래그래, 내가 너 살아날 방법을 알려 주마."

"어떻게 해야 되겠니? 나 저 회사에서 쫓겨나면 아예 누나네 집도 못 들어갈 형편이야. 철민이와도 끝이라고."

한비는 손수건을 꺼내 이마의 식은땀을 닦습니다.

유가가 그 손수건을 빼앗아 자기가 닦아 주며 말했습니다.

"이건 아주 묘수인데……."

"묘수?"

"그래. 잘 생각해 봐. 저건 누가 너를 모함한 거야. 너는 그렇게 말해야 돼."

"모함?"

"그래. 너는 말이야, 네 조카 철민이에게 찾아가서 다른 사람에게 모함을 받고 있다고 말해. 관리 부장이 직원들을 선동하여 저 난리를 피우는 거라고. 그 말은 곧 털보 사장에게 전해질 테고, 모함을 해서 공장을 어지럽힌 관리 부장을 이 기회에 확실하게 내쫓아 버리는 거야."

그때 공이 빠르게 날아와 유가의 머리를 탁 쳤습니다. 머리가 공보다 작은 유가는 그대로 쓰러지고 말았습니다.

"누구야!"

아이들이 여럿 다가왔습니다.

"그 공, 던져 주세요."

그동안 멍청한 꼴로 앉아 있던 한비가 무심코 공을 던져 줍니다. 그리고 아이들을 바라보았습니다.

아이들은 공을 받아 들자마자 서로 차기에 바빴습니다. 서로 다투는 것 같으면서도 공을 차 주는 걸 즐겼습니다. 조화롭게 공을 갖고 놉니다. 협조도 잘합니다.

한비는 공을 갖고 노는 아이들을 쳐다보다 문득 깨달은 바가 있었습니다.

"야 인마, 네 조언 필요 없다!"

한비는 유가를 향해 말을 툭 던지고는 공장 뒷담을 넘어갔습니다. 그리고 몰래 마당 쪽을 살폈습니다. 웅성거리는 직원들이 보이자 부리나케 2층에 있는 자기 사무실로 들어갔습니다.

한비는 사무실 문을 걸어 잠그고 창문 커튼을 살짝 젖혔습니다. 밖을 보니 정말 난리 상황이 따로 없습니다. 직원들이 삼삼오오 모여 불만을 터뜨리고 있습니다.

한비는 소파에 쪼그리고 앉은 채 오래도록 안절부절못하다가 살그머니 사무실을 나왔습니다. 그리고 직원들 시선을 피해 공장장 실로 들어갔습니다. 철민이가 보이지 않습니다.

한비는 우두커니 서서 한참을 기다렸습니다. 식은땀이 자꾸 흘러내립니다. 이윽고 사무실 문을 열고 철민이와 관리 부장이 들어옵니다.

철민이가 한비를 보더니 한숨을 길게 내쉬고는 말했습니다.

"휴, 지금까지 공장 직원들을 달래느냐 얼마나 혼이 났는지 몰라요. 관리 부장님이 직원들 설득을 잘해 주셔서 그나마 다시 일을 시작하게 됐어요."

"네? 아니, 어떻게 그 많은 사람들을 다 달랬나요?"

"그게 관리 부장님의 능력이지요."

한비는 그제야 얼굴빛이 밝아지며 구세주를 만난 듯 관리 부장 옆으로 다가가 앉았습니다.

"그러니까 직원들 모두 자기 자리로 돌아가 일을 하고 있다는 이야기인가요? 정말인가요?"

"네, 상무님! 상무님도 좀 아셔야 합니다. 요즘 세상에는 일방적이고 고압적인 자세만으론 안 돼요. 설득이 필요합니다. 설령 자기 지위가 높다 하더라도 직원들에게 너무 부당하게 굴면 안 됩니다. 나라 일이든 공장 일이든 지위 고하를 막론하고 수시로 토론을 하여 합의를 이끌어 내야 해요. 그리고 가급적 아랫사람의 의견을 많이 받아들이고 서로 인격적으로 존중하며 사는 거지요. 이런 게 민주주의라는 겁니다. 요즘 시대가 진시황 시대도 아니고 공자 왈 맹자 왈 하던 시대도 아니지 않습니까?"

한비로서는 정말 모처럼만에 관리 부장의 말에 공감을 했습니다. 깊은 생각에 잠겨 있던 한비가 입을 열었습니다.

"관리 부장님 말씀 잘 새기겠습니다. 자고로 윗사람이 하늘과 같지 않으면 아랫사람을 두루 다 감싸지 못하며, 그 마음이 땅과 같지 않으면 만물을 지탱해 주지 못합니다. 태산이 좋고 싫은 것을 내세우지 않으므로 그 높이를 이룰 수 있었으며, 강과 바다는 작은 흐름을 가리지 않았기에 그 풍부함을 이룰 수 있듯이 사람들의 마음을 깊이 헤아리지 않고서 어찌 바르게 다스린다고 하겠습니까. 제가 어리석은 부분이 있었습니다. 이제 조화롭게 사람들을 다스리도록 하겠습니다. 허허허."

그러자 기다렸다는 듯 관리 부장이 서류를 뒤적이며 말했습니다.

"그러셔야겠지만, 며칠 남았죠?"

"네?"

"가만있어 보자. 상무직을 딱 한 달간 약속하고 들어오셨으니 이제 3일 남았군요."

한비는 다시 기가 죽고 말았습니다. 약속은 약속이기에 더 이상

어쩔 수 없었습니다. 한비는 그날 퇴근을 하며 법률 책들을 모두 고시원으로 옮겨다 놓았습니다.

직원들이 일하는 걸 살펴보니 참 평화로워 보였습니다. 저쪽에서 철민이가 다가왔습니다. 한비는 겸연쩍은 표정을 애써 감추고는 철민이에게 다정스레 말을 건넸습니다.

"철민아, 내가 아무래도 이 공장에 들어와 누를 끼친 것 같다."

"아니에요. 외삼촌은 열심히 일하셨잖아요. 자나 깨나 회사 걱정만 하시고."

"하지만 요즘 시대에 걸맞은 경영 방법을 써야 했는데, 내가 너무 옛날 방식만을 고집했어."

"이제라도 상무로서의 직무를 잘해 보세요."

"그러지. 이젠 이틀밖에 안 남았지만, 떠나는 날 명예롭게 떠나고 싶으니까. 정말 명예롭게."

한비는 많이 변했습니다. 직원들의 집단적 반발을 사게 된 일에서 큰 충격을 받은 게 분명했습니다.

비록 이틀뿐이지만, 한비는 사무실 일을 하는 틈틈이 공장으로 내려가 직원들을 격려했습니다. 빗자루를 들고 청소를 대신해 주기도 했습니다. 그리고 수시로 직원들의 애로 사항을 들어주며 격

정해 주기도 했습니다.

"저는 여기를 명예롭게 떠나고 싶습니다."

"그래도 상무님은 이웃에 사시니까 자주 찾아오시겠지요."

"네, 그러죠. 이곳을 떠나면 무엇보다도 고시 공부에 더욱 열중할 수 있을 것 같습니다. 제 꿈을 이루어야지요."

한비가 떠나는 날은 마침 전 직원이 참여하는 배구 대회 날입니다. 예전에 한비가 배구 대회를 없애고 일을 하도록 고집을 부렸지만 이제 다시 직원들의 사기를 위해 원래대로 배구 대회가 치러지게 되었습니다. 한비 역시 선수로 참여를 했습니다.

"외삼촌, 오늘 경기 잘해 보세요."

"그래그래."

한비는 일찌감치 선수 유니폼을 입고 공을 이리저리 튕기며 다녔습니다. 작전 회의를 마친 선수들이 심판의 호각 소리를 들었습니다.

"자, 시작입니다!"

공을 쥔 한비가 힘차게 공을 쳐올렸습니다.

배구 대회를 보기 위해 본사 털보 사장도 찾아왔고 유가도 공부를 하다 말고 구경 나왔습니다. 이웃에 사는 사람들도 한비 상무의 마지막 날을 보러 왔습니다. 화창한 날씨만큼이나 웃음꽃이 만발한 장난감 공장의 배구 대회 날이었습니다.

법가와 유가 – 창과 방패의 모순

본문에 한비의 친구로 유가가 나오지요? 역사적으로도 법가와 유가는 서로 비판적인 입장을 취했습니다. 특히 한비자는 현재의 일을 말하면서 유가가 자꾸만 옛날 일을 들먹인다고 짜증을 내다시피 했습니다. 그것을 비유적으로 말한 것이 유명한 '모순'이라는 고사입니다. 원래는 '창과 방패'라는 말인데, 그것이 어떻게 '서로 양립할 수 없는 것'을 가리키게 되었는지 한비자의 말을 들어보기로 합시다.

이야기 하나: 모순

세상 사람들은 옛날을 좋아하여 요임금과 순임금이 모두 정치를 잘했다고 하는데 그것은 있을 수 없는 일입니다. 요임금이 정치를 잘했다면 순임금은 공적을 쌓을 일이 없었을 것이며, 순임금이 정치를 잘했다면 그것은 요임금이 정치를 잘못했기 때문에 그것을 바로잡아 공적을 쌓은 것이 됩니다.

초나라 사람이 방패와 창을 팔고 있었습니다. 그는 방패를 자랑하며

'내 방패는 단단하여 꿰뚫을 수가 없다'고 하고, 또 창을 자랑하며 '내 창은 날카로워 꿰뚫지 못하는 것이 없다'고 하였습니다. 어떤 이가 말하기를 '그대의 창으로 그대의 방패를 뚫으면 어찌 되는가?'라고 묻자, 그는 대답할 말이 없었습니다. 이렇듯 요임금과 순임금을 동시에 칭찬하는 것은 초나라 사람의 창과 방패에 대한 자랑과 같습니다.

그러므로 한비자는 '성인은 꼭 옛것을 따르려고 하지 않고 일정한 법을 지키려 하지 않으며, 늘 시대 사정을 문제 삼아 알맞은 대책을 세워야 한다'고 주장했습니다.

그러나 본문 속 우리의 주인공 한비는 공장을 맡아 운영하면서 스스로 인정했듯이 '요즘 시대에 걸맞은 경영 방법을' 쓰지 않고 '너무 옛날 방식만을 고집'해서 실패했으니, 스스로의 주장을 잘 실천하지 못한 것입니다.

실제 역사에서도 법가는 강력한 통치 이론을 제공해 주어 진나라로 하여금 중국을 최초로 통일하게 해 주었지만, 법가 사상에 기초한 진나라는 2대를 넘기지 못하고 망했고, 진나라를 이은 한(漢)나라는 국가의 지도 이념으로 법가 대신 유가 사상을 택하게 됩니다.

통합형 논술
활용노트

01 한비는 공장장이 된 조카 철민에게 상과 벌의 중요성을 알려 주기 위해 '오기'와 '호언'의 이야기를 들려줍니다. 여러분은 이 이야기를 읽고 상과 벌 중 어떤 것이 더 큰 힘을 발휘한다고 생각하는지 적어 보세요.

02 한비는 인재를 뽑을 때는 원수든 자기 자식이든 가리지 말아야 한다고 말하였습니다. 한비의 말대로라면 '식당 아주머니의 동생을 경리 직원으로 뽑지 말아야 한다'고 한 박 과장의 말은 옳은 것일까요? 다시 한 번 잘 읽어 본 후 생각해 보세요.

03　공장장이 되자 근검절약하지 않고 흥청망청 돈을 쓰는 철민에게 한비는 '편작'의 이야기를 들려줍니다. 만약 여러분이 어느 날 갑자기 큰 회사의 사장이 된다면 회사를 망하게 하지 않기 위해 어떻게 경영할 것인지 생각해 보세요.

04 아래 글을 읽고 물음에 답하세요.

> "에이, 아닙니다. 공자는 '자로야, 넌 참 어리석은 소리를 하는구나.
> 잘 들어라. 사랑해야 할 한계를 넘는 것을 침범이라고 한다. 지금 노나
> 라의 임금이 백성을 돌보고 있는데, 네가 멋대로 백성을 사랑한다는 것
> 은 바로 네가 임금을 침범한 것이다' 라고 했습니다. 그때 공자의 말이
> 채 끝나기도 전에 아니나 다를까, 궁궐 관리들이 찾아왔습니다. 그들은
> 공자를 심하게 꾸짖으며 말했습니다. '임금님이 백성을 동원하여 일을
> 시키는데 선생이 제자를 시켜 일꾼들에게 밥을 먹였습니다. 그렇다면
> 장차 임금님의 백성을 선생이 빼앗으려는 것입니까?' 라고 말이죠. 아니
> 라고 해 봤자 소용없습니다. 그렇게 의심받는데 어쩌겠습니까. 그래서
> 공자는 혹시나 역적으로 몰릴까 두려워 부리나케 노나라를 떠나고 말았
> 습니다."

한비가 철민에게 이런 이야기를 들려준 이유가 무엇인지 적어 보
세요.

05 한비는 철민에게 아무리 뛰어난 부하 직원이 있어도 공장 일을 다 맡기지 말고 직접 다스려야 한다고 말합니다. 왜 그래야 한다고 말했을까요? 곰곰이 생각한 후 적어 보세요.

06 철민이의 제안으로 한비는 한 달간 공장의 상무로 일을 하게 되었는데요, 독재자 같은 한비를 직원들은 아주 싫어합니다. 한비가 그렇게 강력하게 규율을 집행했던 이유는 무엇일까요? 그리고 여러분이라면 법도 공정하게 집행하면서 직원들에게도 좋은 상사로 인정받기 위해 어떻게 할 것인지 적어 보세요.

아래 글을 읽고 물음에 답하세요.

"옛말에 크기가 한 자밖에 안 되는 나무라도 높은 산 위에 세우면 천 길 깊은 골짜기를 내려다볼 수 있다고 했습니다. 그것은 나무가 크기 때문이 아니고 그 위치가 높기 때문입니다."

"아, 그렇군."

"중국 하나라의 악한 임금 '걸'이 한때 천하를 호령했습니다. 그것은 걸 임금이 어질어서가 아니라 권세가 막강했기 때문입니다. 그리고 성스러운 요임금이 만약 평범한 사람이었다면 세 집안도 다스릴 수 없었겠죠. 그건 요임금이 어리석어서가 아니라 권세가 없고 지위가 낮기 때문입니다."

"맞아, 역시 젊은이는 학식이 대단해."

"아저씨! 간혹 보면, 어리석은 자가 어진 이를 아래에 두고 통제하곤 하는데, 그건 권세가 있기 때문입니다. 그러므로 설령 쌓은 덕이 높고 행실이 올바르다 하더라도 지위와 권세가 받쳐 주지 않으면 공을 세우고 명성을 휘날릴 수 없습니다. 아시겠어요? 휴."

여러분은 '학식이 아무리 높아도 권세가 없다면 명성을 휘날릴 수 없다' 는 한비의 말을 어떻게 생각하나요? 만약 그렇다고 생각한다면 그 이유는 무엇일까요? 그렇지 않다면 그 이유는 또 무엇일까요?

01 한비자는 임금이 사랑으로 백성을 다스리면, 임금이 자신들을 사랑하지 않는다고 느낄 때 백성은 임금을 위해 일하지 않을 것이라고 하였습니다. 백성이 임금을 위해 일하는 것은 임금의 권세 때문이며 그러므로 사랑으로 다스리는 방법보다는 권세로 다스려야 한다고 한 것입니다. 한비자가 상만큼이나 벌을 더 엄격하게 생각한 것도 그 이유입니다.

임금과 신하 사이에는 부모와 자식 사이에서와 같은 정이 없습니다. 그런데 인의를 가지고 신하를 다스리려 한다면 반드시 틈이 벌어질 것입니다. 한비자는 그 당시 학자들이 임금을 설득하여 일체 이익을 구하는 마음을 버리고 백성을 사랑하는 길로 나아가라고 한 것은 임금에게 부모보다 더 친밀할 것을 요구하는 것과 같다고 하였습니다. 한비자는 그만큼 엄격한 다스림을 중요시한 철학자입니다.

02 한비자는 현명한 임금은 비록 발탁하고자 하는 자가 미천한 사람일지라도 그 미천함을 부끄럽게 여기지 않고, 그 능력이 법을 밝히고 나라에 이익을 주고 백성을 이롭게 할 만한 사람이면 발탁하여야 한다고 했습니다.

옛날 진(晉)나라의 왕 평공(平公)이 조무(趙武)에게 묻기를 '중모 땅의 현령으로 누가 좋겠는가?'라고 물었습니다. 조무는 '형백자(邢伯子)가 좋겠습니다'라고 말했습니다. 평공이 놀라서 '형백자는 그대의 원수가 아닌가?'라고 묻자 조무는 '사사로운 감정으로 사람을 발탁할 수는 없다'고 하였습니다. 평공이 또 묻기를 '중부 땅의 현령으로 누가 좋겠는가?'라고 하였습니다. 조무는 또 대답하기를 '제 아들이 적임자입니다'라고 말하였습니다.

따라서 한비자의 말을 따르자면 가까운 사람이라는 이유만으로 사람을 등용하는 것은 옳지 않습니다. 그러나 만약 그 식당 아주머니의 동생이 그 일을 할 만한 능력이 있다면 가까운 사람이라는 이유로 등용하지 않는 것 역시 옳지 않습니다. 한비자는 능력이 있다면 가까운 사람이건 그렇지 않건 간에 등용하는 것이 인재를 등용하는 바른 방법이라고 하였습니다.

03 '편작'의 이야기에서 알 수 있듯 훌륭한 의원은 병을 치료할 때 피부부터 다스립니다. 이는 모든 일은 작은 것부터 해결해야 한다는 것입니다. 사물의 화와 복 역시 피부와 같습니다. 그러므로 성인은 일이 벌어지기 전에 먼저 처리하는 것입니다. 철민은 갑작스럽게 공장장이라는 큰 지위를 얻게 되자 좋은 음식을 먹으러 다니고, 좋은 차를 타고 다니는 등 허세를 부립니다. 그러한 허세는 분명 오래가지 못합니다. 높은 지위에 오르고 명예를 얻었을 때 더욱 자신을 채찍질하고 노력해야만 그 자리를 오래도록 유지하고 이어갈 수 있을 것입니다.

04 임금이 신하와 함께 권세를 나누어 다스릴 수 없음을 알려 주기 위해 위와 같은 이야기를 한 것입니다. 옛날에 수레를 잘 모는 왕량과 조보라는 사람이 있었습니다. 이들로 하여금 수레를 함께 타게 하여 각자 한쪽 고삐를 잡고 문안으로 들어오게 한다면 분명히 수레를 끌 수 없어 길을 가지 못할 것입니다. 가야금을 잘 연주하는 두 사람으로 하여금 각자 줄 하나를 뜯어 소리를 내게 한다면 반드시 소리를 내지 못해 곡이 이루어지지 않을 것입니다.

임금이 되어 신하를 누르지 못하고 자신을 누르는 것을 가리켜 '협박받는다'고 하고, 신하를 바로잡지 못하고 자신을 바로잡는 것을 가리켜 '어지러워진다'고 하며, 신하를 절약하게 하지 못하고 자신이 절약하는 것을 가리켜 '가난하다'고 합니다.

현인이면서 어리석은 자에게 굽히는 것은 권세가 가볍고 지위가 낮기 때문이고, 어리석은 자이면서 현인을 복종시키는 것은 권세가 무겁고 지위가 높기 때문입니다. 한비자는 권세나 자리는 의지하기에 충분하며 현명함과 지혜로움은 우러르기에 부족함이 있다고 이야기합니다.

05 한비 삼촌은 철민에게 음식을 먹을 때도 시고 달고 짜고 싱거운 맛을 자신의 입으로 판단해야지, 그렇지 않고 요리사에게 결정을 맡기면 음식을 먹는 사람을 가볍게 보고, 오히려 요리사를

중요하게 여길 수밖에 없는 것처럼 회사를 경영하는 데 있어 옳고 그름을 자신의 방식으로 판단하지 않고 다른 사람에게 권한을 넘기면 직원들이 공장장을 가볍게 볼 것이라고 이야기했습니다. 그러므로 다스릴 때는 누군가를 대신 내세우는 것이 아니라 자신이 직접 해야 한다는 것입니다.

06 법이란 나라를 다스리는 수단입니다. 한비자에 의하면 악을 금하려 하면서 법을 쓰지 않는 것은 호랑이를 길들이려 하면서 우리를 이용하지 않는 것과 같습니다. 즉, 법을 놓아두고 마음 내키는 대로 통치하면 나라를 바르게 다스릴 수 없다는 것입니다. 컴퍼스와 자를 놓아두고 아무렇게나 어림잡으면 수레바퀴를 잘 만들던 옛날 사람 해중(奚仲)도 수레바퀴 하나를 완성할 수 없습니다. 반면에 보통의 임금이라도 법을 지키고, 서투른 기술자라도 컴퍼스와 자를 사용한다면, 만에 하나라도 실패가 없을 것입니다.

임금은 백성을 법 이상으로 엄하게 다루지 않고, 법 이하로 가볍게 다루지도 않아야

한다고 하였습니다. 불은 사납게 보이므로 사람이 적게 타 죽고, 물은 만만하게 보이므로 사람이 많이 빠져 죽습니다. 그러므로 한비자는 법이 만만하게 보여서는 안 된다고 한 것입니다.

07 만약 어떤 사람에게 백 일 동안 먹이지 않고 좋은 쌀과 맛있는 고기를 기다리게 한다면 굶은 자는 살 수 없습니다. 만약 요순 같은 임금을 기다려서 지금 세상의 백성을 다스리려 한다면 이는 마치 좋은 쌀과 맛있는 고기를 기다리느라 굶주림을 구하는 것과 같습니다. 마찬가지로 말 잘 몰던 옛날 사람 왕량을 기다리기보다는 좋은 말과 단단한 수레를 오십 리마다 하나씩 두고 중간 실력 정도의 마부로 하여금 말과 수레를 부리도록 하면 빠르게 먼 곳에 이르고자 하는 뜻을 이룰 수 있습니다. 이처럼 법을 지키고 권세의 자리에 있으면 다스려지고, 법을 어기고 권세의 자리를 버리면 어지러워지는 것입니다. 그러므로 현명하고 지혜로워도 권세와 명예가 함께 따라주어야만 하는 것입니다.

180   한비자가 들려주는 상과 벌 이야기